JN439345

내 노을의 페치카에서

김형애 수필집

교음사

페치카의 불꽃은 피어오르고

일찍 핀 국화꽃 향기가 서재에 그윽이 스며들고 있는 이때에 수필집 『내 노을의 페치카에서』를 출판하게 되어 큰 기쁨이 일렁인다.

2015년 『내 정원의 페치카에서』를 세상에 선보인 후, 지금까지 써온 작품 중 세월에 퇴색된 여러 작품을 빼낸 후 이번 수필집을 꾸렸다.

세월에 퇴색한 작품을 뺐다고 하였지만, 아이러니하게도 1970년대 추억의 갈피 속에서 잊지 못할 것들을 꺼내어 썼다. 뿐만 아니라 연세의료원 행정실장으로 재직 중, 의료원에서 매월 발간되었던 『세브란스』지에 발표했던 작품을 몇 편 실었다. 책이 오래되어 건드리면 바삭바삭 부서질 것 같은 것을 스캔으로 떠서 부쳤다.

『세브란스지』는 당시에 의료원 직원들의 작품뿐만 아니라 박목월, 조병화, 박두진 시인들의 시와 오화섭 교수의 번역시도 실었다. 나도 수필뿐만 아니라, 번역시와 자작시도 청탁 받아 발표했다. 이 월간지에는 의대교수들이 의학에 관한 상식과 연세대학교와 연세의료원에서 '잊지 못할 사람들'을 연재하기도 하였다.

영문학을 전공한 내가 연세대학교 연세의료원에서 근무하게 된 사연도 이야기하였다. 내가 행정실장으로 있으면서 잊지 못할 사람들이 있다. 그 첫 번째가 나를 연세의료원 부총장에게 소개한 고(故) Dr. Roberta G. Rice이다. 그녀는 미국 감리교 선교부에서 파송한 외과 의사이며 의대 교수였다. 두 번째는 고(故) 현봉학 박사이다. 그는 미국 병원에서 쓰던 의료기를 UB(United Board)를 통하여 세브란스 병원에 무료로 제공하여 주신 분이다. 현봉학 박사는 흥남 철수 때 미10군단 군단장이었던 알몬드 소장을 설득시켜 배에 실려져 있던 미군 수송물자를 폭파하거나 바다에 던지고, 그 자리에 피난민을 실어 남한으로 수송하는데 큰 공을 세우신 분으로 널리 알려져 있다.

나는 현 박사를 1982년 미국 출장 중 뉴욕에서 만났다. 그때도 그는 미국의료기에 대하여 나와 상의하였다. 세 번째로 나에게 의학용어(Medical Terminology)를 가르쳐 준 캐나다 선교사, Miss Current이다. 그녀는 보건대학원에 교수로 재직하던 중, 나에게 특별히 시간을 배려하여 2년간 공부할 수 있었다.

지금 내 인생의 시점이 노을 같아서 수필집 표지 제목을 『내 노을의 페치카에서』로 썼다.

노을은 일출(日出)을 잉태(孕胎)하고 세상을 황홀하게 물들인다. 나 또한 남은 삶 속에 다시 태양이 떠오를 것을 기대한다. 내 페치카의 불꽃은 계속 피어오를 것이다.

금년은 나의 결혼생활 50주년을 맞이하는 해이다. 이때를 맞춰 다섯 번째 수필집을 상재하게 하신 하나님께 감사와 영광을 올려 드린다. 또한 옆에서 자신을 늘 '안 사람'이라 지칭하며 돕는 남편과 사회에서 자신들의 책임을 충실히 감당하는 자녀들과 학업에 최선을 다하는 손자와 손녀들에게도 뜨거운 사랑을 보낸다.

2018년 10월. 풍요로운 가을에

저자 김혜애

김형애 수필집

내 노을의 페치카에서

1. 여행에서 얻은 행복

2. 아름다운 인연

3. 힐링으로 행복 찾기

4. 아버지의 가마솥

5. 따뜻한 손길

6. 그분의 선물

1 부

여행에서 얻은 행복

오슬로에서 만난 입센과 그리그

코펜하겐에서 DFDS SEAWAYS 배를 타고 밤새 항해하여 아침에 오슬로에 도착하여 하선하였다.

어제 늦게까지 선상 세미나실에서 해외문학심포지엄을 개최하여 피곤하였으나, 맑고 싱그러운 오슬로의 공기가 뇌를 깨웠다.

현존하는 가장 오래된 중세 건물 중 하나인 아케르스후스 성과 최대의 번화가인 카를요한 거리와 노벨평화상 시상식이 열리는 시청사를 둘러본 후, 입센기념관으로 향하였다.

입센기념관은 입센이 살던 집과 함께 있는 건물이었다. 기념관에서는 입센이 저술한 책과 그의 인물을 넣어 만든 소품들을 팔고 있었다. 기념관에 연결된 입센이 살던 집으로 안내인은 우리 문인들을 안내하였다. 그는 퍽 부유한 생활을 한 것으로 추측된다. 층마다 고급스러운 페치카가 설치되어 있었고 그가 사용했던 서재와 침실에 있는 가구도 고가(高價)로 보였다.

입센 동상

입센의 시극, 페르귄트에 나오는 집 양쪽에 숲은 현존하는 그의 집에서도 볼 수 있었다. 페르귄트를 생각하면 그리그를 놓칠 수 없다. 입센은 페르귄트의 시극 공연을 위하여 무대 음악으로 그리그에게 부탁하여 작곡을 해달라고 하였다. 이 극 음악은 5막 5개의 전주곡을 비롯하여 행진곡, 무곡, 독창곡, 합창곡 등 23개 곡으로 구성되었다. 그중 여덟 곡을 골라 네 곡씩 〈제1 모음곡〉과 〈제2 모음곡〉으로 꾸몄는데 '솔베이지의 노래'는 제2 모음곡의 마지막 곡이다.

솔베이지는 페르귄트에 나오는 그의 연인이다. 가난한 농부인 페르귄트는 돈을 벌기 위해 해외로 나가지만 귀국하는 도중에 해적을 만나 모든 것을 잃고 병들고 지친 노인으로, 일생 그를 기다

요스텔달 빙원에서 녹아내린 얼음 물

리던 여인 솔베이지에게 돌아온다.

그는 그녀의 무릎에 머리를 눕히고 눈을 감는다. 그 후 솔베이지도 그를 따른다는 비극의 시극이다. 입센을 기억하는 동안 솔베이지의 서정적이고 슬픈 노래가 귓가에 계속 머물렀다.

Solveig's Song(솔베이지의 노래)
그 겨울이 지나 또 봄~은 가고, 또 봄~은 가고
그 여름날이 가면 또 세월이 간다. 세~월~이 간다~
아! 그러나 그대는 내님 일~세 내님 일~세
내 정~성을 다하여 늘 고대하노라, 늘 고대 하노라~

뵈이야 빙원

입센은 오전 11시 30분경 자신의 집에서 나와 그리 멀지 않은 위치에 자리한 그랜드 카페 안 창가 옆에 지정석을 정하여 앉고 신문을 펴들고 읽었다고 한다.

마침 그 자리가 비어있어 나도 앉아 보았다. 입센이 커피를 한 손에 들고 테이블 위에 펼쳐져 있는 신문을 읽으며 창밖 거리에 지나가는 사람들을 힐긋힐긋 쳐다보는 모습을 상상하며….

오슬로를 떠나려 할 때 요스텔달 빙원의 한 자락인 뵈이야 빙원과 송네 피요르드의 아름다운 설경과 협만이 눈앞에 다시 펼쳐졌다. 그곳 어딘가에 입센이 창작한 시극, 페르귄트의 어머니가 살던 오두막집이 있지 않았을까 상상해 보았다. 입센이 살았던 곳의 공원 숲이 아니라, 노르웨이의 천연 자연 속에 폭 파묻힌 오두막집 말이다. 그가 고향에 돌아왔을 때 어머니 오제는 이미 죽고 어머니 대신 솔베이지가 백발이 되어 그를 맞이했다는 그 오두막집을 찾으며 오슬로의 푸른 하늘에 떠 있는 하얀 목화송이 구름을 올려다본다.

(2017. 6. 27.)

스톡홀름에서 만난 말괄량이 삐삐

발트해의 유람선 실자라인(SILJALINE)을 탑승하고 헬싱키를 떠난 것은 6월 21일 저녁이었다. 배는 밤새도록 항해를 하여 22일 아침 스웨덴 스톡홀름에 도착하였다. 선상에서 뷔페로 아침을 먹고 하선하여 『말괄량이 삐삐』의 작가 아스트리드 린드그렌의 기념관으로 갔다. 기념관 앞에는 의자에 앉아 있는 작가의 동상이 있었다.

주근깨가 많은 얼굴에 빨간 머리를 양 갈래로 땋아서 머리끝이 하늘로 올라간 삐삐를 생각하며 기념관 안으로 들어갔다. 삐삐는 70년대 말부터 80년대 초까지 어린이들에게 선풍적인 인기를 끌었던 작품이다.

아스트리드 린드그렌 동상

이 작품은 린드그렌의 딸이 병들어 병원에 입원하고 있을 때에 그 딸에게 들여 주었던 이야기라고 한다. 삐삐의 스웨덴어 원문의 실제 이름은, 'Pippilotta Viktualia Rullgardina Krusmynta Efraimsdotter Langstrump'이다.

소녀는 그녀의 이름처럼 무릎을 넘는 긴 양말과 커다란 구두를 신고 다녔다.

삐삐의 말에 의하면 엄마는 천국에 있고 아빠는 식인종의 왕(실제는 해적선장)이며 뒤죽박죽된 빌라에서 혼자 살고 있었다. 그러나 집에는 가방 가득 금화가 있어 돈 걱정 없이 살고 있었다. 삐삐는 닐슨 씨라는 원숭이 한 마리와 말 아저씨라고 부르는 말 한 마리와 함께 지냈다.

이 동화의 내용은 이웃집에 사는 토미와 아니카를 중심으로 벌어지는 에피소드가 주 내용이다.

기념관 입구에는 얼룩말 한 마리가 서 있다. 말 앞에는 의자가 있어 말을 동무로 하여 함께 사진을 찍을 수 있었다. 관광 온 외국 꼬마와 함께 사진 한 장을 찍고 안으로 들어갔다. 어린이가 가지고 있는 호기심을 다 표출할 수 있는 코너가 여기저기 있었다. 또한 의자에 두 사람씩 올라앉아 컴컴한 터널로 들어가자 별빛 쏟아지는 광경과 함께 아름다운 도시의 모습을 한 눈에 볼 수 있었다. 마치 그 어둠 속에서 꿈을 꾸는 듯했다. 나 자신이 삐삐가 되어 날개를 달고 우주를 나르는 기분이었다. 모든 어린이가 일탈행위를 꿈꾸는 상징인 것이 나의 꿈이기도 했다.

괴력을 지니고 꿈을 좇는 골목대장인 말괄량이는 지금도 어린이들뿐만 아니라 어른들에게도 동경의 대상인 듯하다. 요즈음도 세계 각국에서 많은 관광객이 온다고 한다.

아이들은 꿈과 자유, 힘의 화신이다. 마음껏 그것들을 펼 수 있도록 도와주는 것이 어른들의 몫이 아닌가 한다.

오늘날 우리나라의 어린이들을 생각하면 마음이 아프다. 학교와 학원을 오가며 다람쥐 쳇바퀴 돌리듯이 하루하루를 보내니 말이다. 더러 의식 있는 부모들이 도시를 떠나 자연 속에서 자녀들이 자라도록 한다는 뉴스를 들으면 내 가슴도 숨통이 트이는 듯하다.

한국형 '말괄량이 삐삐'가 나오기를 기대하여 본다. 비록 지금은 문제가 될지 모르나 그 아이들의 상상력에는 무한한 창의성이 있기 때문에 이 나라의 발전을 기대하여 볼 수 있다.

스톡홀름의 맑은 공기와 숲의 싱그러움이 햇살에 섞여 린드그렌의 기념관을 나오는 나를 맞이하고 있었다. 나는 말괄량이 삐삐의 손을 잡고 나왔다. (2017. 6. 22.)

북유럽 문학기행

서울의 찜통더위를 뒤로하고 북유럽의 가을 날씨를 생각하며 몸의 체온은 인천공항에 도착하자마자 이미 내려갔다.

6월 20일 모스크바로 향하여 인천공항에서 출발한 SU251기는 16:15분에 공항에 도착하였고 뒤이어 SU2200기로 갈아탄 후 핀란드 헬싱키를 향한 기체는 20:05분에 헬싱키 공항에 도착했다.

6월 21일 아침 조식 후 긴팔소매에 가벼운 잠바 차림으로 동행한 문인들은 밝은 미소를 머금고 전용 버스에 올랐다. 낮 동안에는 1939년 노벨문학상을 받은 실란패 기념관, 원로원 광장, 마네르헤임 거리, 암석을 깨트려 지은 템펠리아우키오 교회, 우스펜스키 사원, 시벨리우스 공원 등을 관광했다.

2017.『계간문예』 해외세미나

암석교회를 둘러보고 놀란 것은 어떻게 바위를 깨트려서 그토록 아름다운 교회를 지을 수 있었을까 하는 의구심이 들었다. 그랜드 피아노가 놓인 곳에서 한 여인은 계속 연주를 하고 있었다. 그 교회에서 음악회도 열린다고 하니, 그 규모를 상상할 수 있으리라. 2층으로 건축되었고 예수님을 비롯한 성화도 여기저기 그려져 있다.

오후 5시경 발트 해의 초호화 유람선 실자라인(SILJALINE)에 탑승하였다.

서울에서 짝 지어준 룸메이트와 함께 캐빈에 짐을 풀고 뷔페로 선상에서 저녁식사를 즐겼다. 와인을 곁들어 몸까지 풀면서. 동생들과 크루즈 여행을 한 경험을 생각하며 오늘 밤 즐거운 시간을 보내리라 마음먹고, 이곳저곳을 기웃거려 보았다. 나를 포함하여 문인 대여섯 명이 함께 한 곳은 스탠드 바였다. 남녀 가수가 피아노와 기타 반주에 맞추어 흥겹게 노래를 부른다. 이에 맞춰 스텝을 밟으며 춤을 추는 부부, 연인, 엄마와 아들, 싱글들이 있었다. 우리도 용기를 내어 그들 틈으로 끼어 들어갔다. 밤늦도록 춤을 추워서인지 뷔페로 배를 가득 채운 음식은 어디로 갔는지 시장기가 들었다. 자정이 다 되어서 캐빈으로 돌아와 잠자리에 들었다.

배는 밤새도록 항해를 계속하여 6월 22일 아침 스웨덴 스톡홀롬에 도착하였다.

선상에서 아침을 해결하고 하선하여, 『말괄량이 삐삐』의 작가 아스트리드 린드그렌의 기념관을 돌아보았다. 기념관 안은 아이들이 꿈꾸는 세상을 마음껏 누려 볼 수 있는 광경이 펼쳐 있었다.

린드그렌 기념관을 나온 후 구시가지인 감라스탄, 왕궁, 시청사, 바사 박물관을 돌아보았다. 바사호는 건조된 후 처녀 출항을 하였으나 1628년 침몰하였고 1961년 인양하여 이를 98% 원형 그대로 전시하고 있다.

6월 23일 8시경 스칸딕 엘미아(Scandic Elmia)을 나와 덴마크 헬싱보리 선착장으로 이동하여 선편으로 헬싱괴르로 와서 수도인 코펜하겐에 닿았다.

코펜하겐에 도착하자 비가 부슬 부슬 내리기 시작했다. 우산을 들거나 후드가 있는 잠바를 입은 문인들은 머리만 후드로 덮었다.

여왕과 가족이 생활하고 있는 아멜리엔보그성을 둘러보았다. 여왕이 궁에 있을 때는 국기가 걸려 있다고 하는데, 우리가 갔을 때는 국기가 계양되지 않았다. 아들이 있는 궁에는 국기가 계양되어 있어 그가 머물고 있음을 알았다.

안데르센 동상이 있는 시청사, '부싯돌'의 원형 탑, 인어공주 동상을 보러 갈 때는 많은 비가 내렸다. 주름이 깊이 깃든 한국여성 가이드의 드라마틱한 강약의 해설에도 빗물의 애수(哀愁)가 흘렀다. 그녀가 바다 건너를 손으로 가리킨 곳은 오페라 하우스라고 하는데 비어 있었다.

16:30분 DFDS SEAWAYS 승선하여 늦은 시간에 선상 세미나실에서 '해외문학심포지엄'을 개최하였다. 한국문학발전포럼 사무총장인 차윤옥 선생의 사회로 시작하여 정종명 이사장의 '즐겁고 행복한 여행'이란 인사말이 있었고, 뒤이어 해외문학세미나 주제인 북유럽 문학에 대한 발표가 있었다.

발표자로는 아동문학가인 박성배 선생의 '백조가 된 안데르센'과 시인 신규호 선생의 '북유럽 근대극의 발달'이 발표되었고 뒤이어 참석한 모든 문인들의 시 낭송회가 있었다. 심포지엄은 밤 9시가 다 되어 끝났고 그때 저녁 식사 시간이 주어졌다. 난 너무 늦은 시간이라 저녁은 안 먹고 샤워 후 캐빈에서 잠을 청하였다. 새벽엔 파도가 심한지 배가 많이 흔들렸다.

노르웨이의 조각가, 비겔란드의 조각공원에서는 그가 인생의 탄생, 성장, 장년, 노년의 삶을 조각한 것을 보았다. 노년에는 노인들이 함께 위로하며 동거함을 표현했다. 원을 마지막으로 조각하여 생사(生死)의 점이 없음을 표시했다.

뭉쿠의 '절규'를 소장하고 있는 국립박물관을 방문하여 그의 작품뿐만 아니라 다른 작가들의 그림도 관람할 수 있었다.

24일 저녁 우리는 피요르드 마을 오따로 이동하여 호텔에 투숙하였다. 오따는 8이란 숫자를 나타내며 이곳에 흑사병이 돌 때 전 주민이 죽고 8명만 살아남아 붙여진 이름이라 한다.

아침에 전용 버스로 게이랑에르로 이동하였고 노르웨이에서 가장 아름답다는 피요르드, 게이랑에르-헬레쉴트 구간을 유람선에 탑승하여 관광하였다. 빙하와 녹아내리는 눈으로 만들어진 일곱 자매 폭포를 바라보며 함성을 터트리기도 했다. 일곱 자매 폭포는 구원자가 일곱 자매에게 구원했으나 모두 거절당하여 그때부터 술을 마시기 시작했다는 전설이 있다. 오후에는 Ferry를 타고 푸른 빙하라 불리는 뵈이야로 이동하였다. 총연장은 60킬로미터로 1991년 국립공원으로 지정되었으며, 이 빙하는 추운 기후가 아닌 많은 적설량에 의해 유지된다. 최고봉은 2,083미터이고 면적은 487평방미터이다. 얼음으로 감싼 산맥을 바라 본 후 피얼란드 빙하박물관도 견학하였다.

안타깝게도 기후 온난화로 인하여 뵈이야 빙하도 점점 줄어들고 있다. 사라져 가는 빙하를 보며 노르웨이 왕국의 공주가 약 20억 원을 출자하여 만들어진 박물관이 곧 피얼란드 빙하박물관이다. 빙하박물관을 나와서 전용버스로 피얼란드터널(6,750M), 송달터널을 빠져 나와 만헬러로 이동하였다. 이곳에서 유람선을 타고 만헬러-포드네스 구간을 구경한 후, 노르웨이 최장의 송네 피요르드를 건너 라르달에 도착하였다. 송네 피요르드(Songne Fjord)는 가장 길고 깊은 협만으로 가장 깊은 수심은 1,308미터이고 동서를 주축으로 뻗어 있다. 노르웨이 제2의 도시인 베르겐 북쪽 72킬로미터 지점이다.

6월 26일 아침 8시 30분 베르겐을 향하여 출발한 버스는 11시 30분경에 도착하였다. 그곳에 있는 어시장, 한자동맹 시절의 목조건축물이 있는 베르겐 거리를 관광 하고 플롬으로 이동하였다. 이곳에서 로맨틱한 산악열차에 탑승하여 빙하와 설원을 감상하며 요정이 나온다는 아름다운 폭포도 만났다. 미르달행 산악열차는 비경이 있는 두 곳에서 정차하였다. 우리는 다른 열차를 갈아타고 야일로로 와서 다시 전용버스를 타고 마지막 목적지인 고올에 와서 호텔에 투숙하였다. 내일 27일은 오슬로 공항으로 이동하여 귀국 길에 오르게 된다.

노르웨이에서 우리가 이용하였던 관광버스에는 기사가 두 명이었다. 부부 기사로 남편이 주로 운전은 하였으나 부인 기사는 보조 기사로 그의 뒷좌석에 늘 앉아 있었다.

노르웨이의 운전법에 하루 9시간 이상 운전하는 것은 불법이며, 차도 하루에 운행할 수 있는 거리가 있어서 그이상은 못 한다고 했다. 부인은 남편의 운행 시간이 길어지면 언제든지 대체할 수 있는 기사였다. 이러한 철저한 교통법이 우리나라에도 적용된다면 많은 교통사고를 줄일 수 있겠구나 하는 생각이 들었다.

8박 9일의 북유럽여행은 '해외문학'이라는 사행시를 버스에서 발표하면서 끝을 맺었다. 나의 시도 입선되어 핀란드의 자작나무로 만든 칼을 선물로 받았다. 노르웨이의 아름다운 빙하와 피요르드, 호수, 폭포와 푸른 숲은 서울에서 쌓인 모든 미세먼지와 스트레스를 거두어 가고, 우리의 가슴 속에 푸른 하늘과 푸른 호수, 맑은 공기를 채워 우리의 영혼을 노르웨이에 두고 오게 했다.

(2017. 6. 30.)

출렁 다리(Hanging Bridges)

정글의 빈 공간에서 햇볕 한줄기가 출렁인다.

코스타리카 여행의 닷새째 되는 날이다. 새벽 6시에 짐은 호텔 방에 들여놓고 이른 아침을 먹은 후 7시에 관광버스에 올랐다. 오늘의 일정은 정글 속에 있는 출렁 다리를 여섯 개나 걸어야 되는 정글 속 걷기이다. 약 2시간 30분 걸린다고 가이드는 말한다. 그 길을 걸을 수 없는 사람들은 1시간의 짧은 코스를 선택하거나 관광버스가 있는 이 산 중턱에서 커피를 마시며 자연을 감상하라고 한다. 나는 2시간 30분 걸리는 걷기를 선택하여 local guide의 뒤를 따랐다. 이 코스를 선택한 사람들은 43명 중 10명 뿐 이

출렁다리 위에서

였다. 출렁 다리를 걸을 때에 공포감이 있을 수 있기 때문에 미리 겁을 느낀 사람들이 많은 듯하다.

세 여동생 중 첫째 동생은 포기하고 나와 두 동생과 그들의 남편들이 함께 걷기로 했다. 가이드는 관광객들의 신발이 걷기에 적당한가를 점검한 후 앞에 서서 정글 속으로 인도하였다. 20분 정도를 걸었을 뿐인데 벌써 출렁다리가 나타났다. 울창한 나무숲 아래 계곡에서 흘러내리는 물소리가 산과 출렁다리를 더욱 흔들어댔다. 가이드는 다리 양옆에 설치된 쇠밧줄을 단단히 붙잡고 다리를 걸으라고 부탁한다. 다리 아래를 보면 걸을 수 없을 것 같아 앞에 보이는 거목만 쳐다보며 걸었다. 모든 사람이 다리를 건너왔을 때 가이드는 다시 정글 속을 인도 하였다.

우리는 여기저기서 들리는 새소리와 원숭이의 기이한 괴성을 들으며 걷기를 계속하였다. 세 번째 출렁다리가 제일 길었고 높이도 꽤 높았다. 정글의 큰 나무들이 하늘을 가리여 컴컴하기까지 하였다. 이 다리에서 가이드는 중간에 좀 쉬라며 일행의 발걸음을 멈추게 했다. 나는 쉬는 것이 더 겁이 났다. 빨리 이 다리를 벗어나고 싶은 심정일 뿐이다. 이때 뒤에서 원숭이 소리가 크게 들였다. 모두 뒤쪽을 바라보았으나 원숭이는 보이지 않고 내 동생 남편이 입에서 손을 떼며 큰 소리로 웃었다. 함께한 외국인들도 깜짝 놀랐다며 원숭이 소리와 진짜 똑같다며 한바탕 웃었다.

숲속을 더 걷는 동안 큰 나무 위에서 각가지 원색을 가진 새들의 노랫소리에 귀가 즐거웠다. 여섯 개의 다리를 지나서 30여 분을 더 걷고서야 우리는 출발점에 도착하였다. 걷기를 포기한 동생은 캐나다에서 왔다는 은퇴한 노부부와 정담을 나누고 있었다.

삶 속에서 출렁이는 시간들이 얼마나 많은가. 그 출렁임에 흔들리기는 하나, 넘어지거나 자빠지지 않아야 다음 여정에 지장이 없다. 출렁다리를 건너며 나의 삶 속에서 출렁이던 시간이 언제였나를 뒤돌아보았다. 오늘처럼 그 흔들리는 시간들을 잘 걸어 나와 Costa Rica 여행도 오지 않았는가. Pura Vida(good이라는 코스타리카 말)

(2018. 2. 28.)

물과 하루를

코스타리카(Republic of Costa Rica)공화국을 여행한 4일째 되는 2월 26일, 아침 숙소인 매직 마운틴 호텔(Magic Mountain Hotel)에서 아침 8시에 출발하여 사탕수수밭, 파인애플 농장, 오렌지 농장을 거쳐서 10시경 강가에 도착하였다. 가이드는 배에 화장실이 없으니 승선하기 전에 볼일을 다 보고 승선하라고 했다.

미국 카라반(Caravan)여행사의 관광버스를 타고 온 사람들은 43명이였다. 세계 각국에 홍보하여 참석한 관광객들은 친구가 되어 즐거운 대화를 나누며, 우리를 기다리고 있는 크루즈 배에 올랐다. 이 강의 하류는 니카라과 접경지역으로 흘러간다고 한다.

배에 오르자마자 구명조끼를 하나씩 나누워 주었다. 처음엔 다

작용하였으나 점점 더워져서 조끼를 벗고 강가 양옆 밀림에서 들여오는 즐겁고 맑은 새소리에 홀려 있었다. 특히 피아노새(piano birds)의 노랫소리는 마치 피아노 연주를 듣는 듯 했다. 새의 이름을 왜 피아노라고 붙였는지 알만 하다. 강물은 메콩 강물처럼 혼탁했다. 그래도 강물 위에 떠 있는 마른 나뭇가지 위에서 긴 목을 뽑고 물고기를 노리는 왜가리처럼 생긴 새와 이름 모를 여러 종류의 새들이 보였다. 새들의 색깔도 원색적으로 아름다웠다. 강가에서 낚시를 하는 사람들과 낚시 배들이 보였고, 그들은 우리를 보자 손을 흔들었다. 더러는 낚싯대를 강물에 던지고 고기가 잡히기를 기다리는 강태공들도 있었다. 배를 타고 가는 동안 동남아 스코올(squall)같은 비가 한바탕 쏟아졌다. 그 소나기는 청량 음료수처럼 우리를 시원하게 하였다.

화산 온천장 앞에서

물줄기를 따라 한참 갔을 때 가이드가 오른쪽을 보라고 했다. 거기엔 악어가 누워 있다. 모두들 카메라를 들고 잠든 악어에 셔터를 누른다. 이때 나는 케냐와 탄자니아 접경 지역에 있는 마라 강을 생각했다. 그곳엔 덩치가 큰 악어가 버글버글했다. 케냐에 가뭄이 심하여 먹을 것을 찾아 탄자니아로 이동하는 모든 동물은 이 강을 건너야만 한다. 그때에 많은 동물이 이 악어 떼에게 희생된다. 그 악어에 비하면 작은 새끼 악어다. 배는 니카라과의 접경이라고 표시한 안내판이 있는 곳까지 가서 다시 되돌아왔다. 배를 탄 시간은 2시간이었다.

선착장 앞에는 큰 음식점이 있었으며 우리는 그곳에서 뷔페로 점심을 먹고 온천으로 향했다. 화산 활동이 가끔 있어서 온천수가 분수처럼 뿜어 오르는 장면이 보여서 다소 두렵기도 했다. 물의 온도가 각각 다른 여러 개의 야외 온천탕이 있었다. 산이 있는 쪽으로 올라갈수록 물의 온도가 뜨겁다고 한다. 프런트에서 열쇠를 받고 사물함에 옷과 소지품을 넣은 후 수영복 차림으로 물속 온도를 점검하였다. 이번 여행을 함께한 세 명의 여동생과 두 명의 그들 남편이 먼저 물속에 들어가 적정 온도를 찾았다. 결국 우리는 가장 뜨거운 곳을 선택하였다. 가끔 뜨거운 물기둥이 하늘로 치솟는 모습이 눈앞에 보였다. 같은 탕 속에 있으나 뜨거운 물기둥이 올라오는 곳과 거리가 좀 떨어진 물속에 우리는 몸을 눕혀 피로를 풀었다. 탕 속에 뜨거운 온천수만 있는 것이 아니라 탕 속 중앙에 탑 모양을 세워 그곳에서는 찬물이 흘러나왔다. 화산 분화구에서 터져 나오는 높은 온도의 물이기에 찬물이 계속 흘러나와도 뜨거운 온도를 유지하는 듯하다. 나와 동생들은 가끔 찬물 줄기에 몸을 식혔다가 다시 뜨거운 곳으로 갔다.

여행 중 쌓였던 피로에서 완전히 해방되어 온천탕을 나오는 사람들의 얼굴은 잘 익은 사과 볼처럼 붉었다.

코스타리카에서 오늘 여행은 물에서 시작하여 물에서 끝난 하루였다.

고대 그리스의 철학자 탈레스(Thales)는 '물이 만물의 근원'이라 하였다. 생물체를 구성하고 있는 여러 물질 중에서 물은 생물체의 중량의 70~80%를 차지하며, 많은 경우는 95%까지도 차지하고 있다. 우리 인간의 신체도 약 3분의 2가 물로 되어 있다. 강물이 탁할지라도 그 물은 모든 동식물 생명의 원천임에는 틀림이 없다.

물속과 밖에 동식물을 바라보며 즐거웠고, 나의 몸을 온천수에 담가 몸을 기쁘게 한 하루였다. (2018. 3. 2.)

코스타리카(Costa Rica)의 커피 농장

2월 23일 LA공항에서 오전 9시 30분 출발하여 6시간 동안 탑승한 후 코스타리카 주안 산타마리아 국제공항(Juan Santa maria International Airport)에 도착하였다. 공항에는 미국 여행사, 카라반에서 보내온 관광버스와 남자 가이드 아론이 대기하고 있었다. 공항에서 바세로 산호세 호텔(Barcelo San Jose Hotel)까지 이동하는 데는 1시간이 걸렸다. 호텔 로비에서 방을 배정 받고 곧바로 세미나실로 갔다. 거기에는 이미 아론이 앞에 나와 있었고 43명의 관광객이 좌석에 앉아서 그의 안내를 받고자 했다. 먼저 그는 앞줄부터 자신의 이름을 말하고 소개를 하라고 했다. 세계 각지에서 온 관광객들이 이번 여행에 함께 한 것을 알게 되었고, 큰 흥미를

카리반 여행사에서 함께한 관광객 기념촬영

내게 안겨 주었다. 소개가 끝난 후에는 여행하는 동안 주의 사항을 알려 주었고, 곧 바로 호텔 뷔페식당에서 저녁을 먹게 되었다.

이번 여행은 미국에 거주하고 있는 나의 여동생들이 주선하였다. 내가 한국을 떠난 것은 2월 13일이었다. 그러나 유럽 여행을 마치고 돌아오는 막내 여동생을 기다려 23일이 코스타리카로 떠나는 출발일이 되었다.

코스타리카를 여행하는 둘째 날, 바세로 산호세 호텔을 떠나 커피 농장으로 향했다. 파란 하늘에 흰 구름이 나의 마음처럼 두둥실 떠있다.

야자수와 푸른 나무 사이에 열정적인 빨간 꽃이 관광객의 눈길

커피가 만들어지는 과정을 설명하는 현지 가이드

을 끌었다. 황토색이 나는 농장 길로 들어섰을 때 진녹색의 커피나무가 밭을 가득 채웠고, 열매를 달고 있는 나무도 여기저기 보였다. 이곳은 따라주(Tarrazu)의 수도인 산호세의 남쪽에 위치한 중부 계곡 지역이다. 관광버스에서 내린 관광객들은 가이드의 발길을 따랐다.

우리는 커피농장에 도착하여 현지 여자 가이드의 설명을 들었다. 그녀의 이야기에 따르면 커피나무는 150년을 살 수 있으나 커피의 질을 위해서 25년만 키우고 잘라 버린다고 한다. 이곳에서 생산되는 커피는 주로 미국과 일본으로 수출한다. 재배된 원두는 물로 깨끗하게 씻어 껍질을 다섯 번 벗기고 햇볕에 말려서, 질이 제일 좋은 커피 75%, 두 번째의 좋은 커피 15%, 세 번째로 하우스 커피를 만든다고 한다. 비가 오는 날은 기계로 원두를 말리는데, 이는 햇볕에 말린 것만큼 품질이 좋지 않다고 했다. 수로를 끌어들여 원두를 씻고 원두를 깎는 기계와 로스팅하는 공장의 규모가 매우 컸다.

코스타리카의 커피농장은 태평양과 대서양이 보이는 산에 있다. 화산 토양 성분이 풍부하여 커피 농사에 좋다고 했다. 고지대 커피의 맛이 좋은 이유는 추운 밤엔 커피나무가 성장을 천천히 해서 알찬 맛이 점점 풍부해지고 신맛과 향기가 배게 된다. 이 공장은 백 년이 넘은 곳으로 코스타리카 관광 코스로 유명하여, 우리 일행이 빠지기를 기다리고 있는 그룹이 뒤에서 서성거리고 있었다. 가이드 설명을 다 들은 우리는 커피 시음을 하고 커피 매장으로 발걸음을 옮겼다. 신선한 커피향이 가득하다.

커피 매장에서 필자

그곳에는 잘 포장된 커피가 진열되어 있었다. 제일 질이 좋은 에스프레소(Espresso) 그다음에는 프렌취(French) 마지막에 하우스 커피가 가득 진열되어 있다. 커피농장 가이드 설명을 들은 우리 일행은 에스프레소와 프렌취를 몇 개씩 집어 들었고 하우스 커피에는 눈길도 주지 않았다. 유럽에서 온 여인은 나에게 하우스 커피가 값이 저렴하여 그것만 먹었는데 다시는 먹지 않겠다고 말했다. 에스프레소는 너무 비싸니까 두 번째인 프렌취를 마시겠다며 그녀는 두 봉을 집어 들었다. 우리는 마주보며 즐거운 미소를 나누었다. 나의 손에는 에스프레소 한 봉과 프렌취가 한 봉 쥐어져 있었다. 에스프레소는 선물용이다. 커피 맛은 개인에 따라 각각 다르게 느낄 수 있으나, 코스타리카 커피는 부드러운 맛, 고소한 맛, 과일 맛에 쌉쌀한 맛까지 혼합되어 그 맛이 일품이다. 커피나무에 비료나 농약을 사용하지 않고 생산되며, 인스턴트커피 원료인 로부스타 재배는 엄격히 금지되어 있다. 요즈음 우리 식품에서 인기를 끌고 있는 유기농 커피(organic coffee)에 일조(一助)하는 코스타리카 커피이다.

우리나라에서 소비하는 커피는 매년 증가 추세이다. 최근에 집계된 SK증권이 분석한 결과에 의하면 한국 커피시장 규모는 5조 4,000억 원으로 추정되며, 소비자 지출 기준으로는 6조 1,000억 원이라 합니다. 커피 시장의 정확한 규모를 집계한다는 것은 어려울 수 있으나 계속 성장하고 있다는 사실과 커피가 삶의 일상이자 문화가 되고 있다는 사실은 부인할 수 없다. 이제 우리나라도 커피나무를 재배하여 그 단가를 줄여야 되지 않을까 하는 생각을 하여 본다.

귀국 후에는 원두를 갈아 그 향속에 코스타리카를 넣어 모닝커피로 마실 생각을 하며 관광버스 안에 나의 몸을 실었다.

(2018. 2. 25.)

나의 부러움을 산 소들

녹색 초원이 드넓게 펼쳐 있다. 파란 하늘에는 흰 구름이 뭉쳤다 흩어졌다 하며 놀이에 열중하고 있다. 그 아래에서 소들은 한가롭게 풀을 뜯거나 누워서 되새김질을 하고, 소들을 관리하는 사람은 한 사람도 보이지 않는다. 가끔 정글 속에 사는 새들이 날아와 소들에게 아름다운 노래를 들여 주고 먼 허공으로 사라진다.

위의 모습은 코스타리카를 관광하는 동안 어느 목장에서나 볼 수 있는 모습이다. 다만 목장주의 사유지 땅을 표시하려는 말뚝만 듬성듬성 세워져 있을 뿐이다.

그렇게 자유롭게 풀어 놓은 소들이 하나같이 말랐다. 나는 소들이 마른 이유가 궁금하여 관광버스 가이드인 아론에게 물어 보았다.

평화롭게 풀을 뜯고 있는 소떼

크게 웃으며 그는 다음과 같은 대답을 하였다.

"They are organic. They eat only grass and the fruits."

(소들은 유기농이며 오로지 풀과 코스타리카의 과일만 먹는다.)

사람들이 인위적으로 만들어서 먹이는 것은 하나도 없다고 했다. 호텔에서 먹어본 스테이크는 연하여 몇 번 씹지 않아도 넘어갔다.

그 말을 들으며 내가 살이 찌는 이유는 유기농 음식물을 섭취하지 않기 때문인가? 나도 유기농(Organic) 음식을 먹으면 저 소들처럼 날씬할 수 있을까?

한번 몸무게가 올라가면 도대체 떨어질 기미가 안 보인다. 물론 운동을 열심히 하지 않는 이유도 있겠지만, 운동을 못하면 사우나에 가서 땀을 흘려 몸무게를 줄여 보려고 애를 쓴다. 기껏 그렇게 해봤자 0.60kg 줄뿐이다.

오늘 아침에 로매 상추 반포기와 당근 반개, 사과 반쪽, 코스타리카에서 사온 유기농 커피 한잔을 마셨다. 이번 주에 신경 써서 먹어볼 생각이다. 물론 모든 음식물은 유기농으로 말이다. 값이 조금 비싸지만 몸무게를 줄이는 한 방법이라면 감수하려고 한다.

다음에 코스타리카를 다시 여행할 기회가 된다면 소들을 보고 나도 너희들처럼 먹어서 날씬해졌다고 하며 웃음을 날려보리라 'Pura Vida.' (2018. 3. 1.)

※ Pura Vida는 코스타리카 말로 뜻은 좋다는 의미이다.

연세대학교가 으뜸가는 기독교대학으로 발전하게 된 것은
언더우드 선교사의 기도와 헌신 덕분이다.
또한 언더우드 서거 후에
이를 계승한 동역자와 계승자의 노력 때문이다.

2 부

아름다운 인연

라인케 목사님과의 인연

내가 대학을 다니던 1960년대는 외국인을 만나기 어려웠던 시절이다. 이때에 나는 영어회화를 배우기 위하여 용산 미8군에 있는 교회와 루터란 센터(한남동에 위치하고 있음, 현재도 있음)를 다녔다. 또한 매주 토요일 오전에는 미국공보원(USIS)건물을 사용했던 대학교 학생 회장단의 영어토론회에 참가하였다. 그때 고문으로 우리를 도왔던 외국인 선교사님들과 목사님들을 많이 만났다.

라인케(Chaplain Reinke) 목사님은 그때에 한남동 루터란 센터를 맡아 사역하셨던 분이다. 그는 독일계 미국인이다. 사모님도 퍽 친절한 분이셨다. 루터란 센터에서는 매주 토요일 저녁에 선교사님들이 한 가지씩 음식을 가지고 와서 예배 후에 식사를 함께 하는 친교가 있었다. 세계 각국에서 각 나라에 파송된 선교사님들이 한국을 거쳐서 오갈 때 이곳에 들리거나, 한국에 체류하고 계신 선교사님들이 주로 오셨다. 한국인은 나 혼자였다. 늘 김치 한 포기를 썰어서 가지고 갔지만 김치에 대한 인기는 높았다. 학생이었

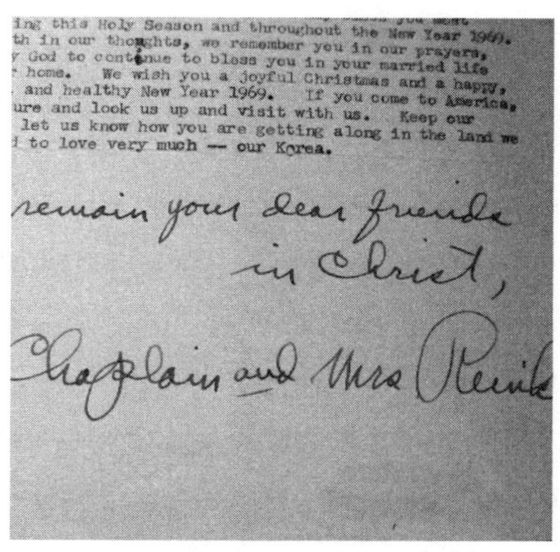

ing this Holy Season and throughout the New Year 1969.
th in our thoughts, we remember you in our prayers,
God to continue to bless you in your married life
home. We wish you a joyful Christmas and a happy,
and healthy New Year 1969. If you come to America,
ure and look us up and visit with us. Keep our
let us know how you are getting along in the land we
to love very much — our Korea.

remain your dear friends
in Christ,
Chaplain and Mrs Reink

1968. 12. 13. 라인케 목사님이 보낸 크리스마스 편지

던 나를 라인케 목사님은 퍽 사랑해 주셨다.

대학을 졸업하자마자 난 서울에 있는 여자 중고등학교에서 영어교사로 근무하게 되었다. 일 년 후(1968년)사랑하는 사람을 만나 결혼하려고 할 때에 아버지의 반대가 몹시 심하였다.

나는 아버지의 반대에도 불구하고 결혼하려는 마음을 굳히고, 가을 어느 토요일에 라인케 목사님과 사모님을 만나서 고민을 털어놓았다. 라인케 목사님은 나를 포옹하면서 걱정하지 말라며 하나님의 집이 여긴데, 여기 교회에서 하자고 하셨다. 사모님은 나의 손을 잡아 주면서 결혼 케이크는 자신이 준비하겠다고 하셨다. 마침 다음 주에 노르웨이 선교사의 결혼식이 여기서 있으니 애인

을 데리고 와서 잘 보라고 했다.

그날, 남편 될 사람을 데리고 루테란 센터로 가서 결혼절차 예배를 세밀히 보았고, 우리는 그 다음 주 토요일로 결혼 날을 정하였다. 라인케 목사님이 주례를 보시기로 하고 사모님은 피로연을 준비하시겠다고 하였다. 교회를 다니지 않았던 남편도 하나님 앞에서 아내에 대한 서약에는 "Yes, I do."(네,하겠습니다.)하면서 목사님의 말씀에 잘 대답하여 주었다.

나는 그곳에서 결혼한 최초의 한국인이었다. 결혼식이 끝난 후 영어로 작성된 결혼증명서(Merriage Certification)를 주면서 라인케 목사님은 Mrs.Yang(남편이 양씨임)과 Mr.Yang이 이혼하려면 Washington D.C.에 보고하여야 된다며 호탕하게 웃으셨다. 우리의 결혼이 본부에 보고되었기 때문이라고 했다.

결혼식이 끝난 후 사모님이 3일간 준비하였다는 예쁜 결혼 케이크를 자르는 식순이 있었고 뒤이어 파티가 열렸다. 모든 준비는 사모님이 하셨다. 그날 우리는 늦게까지 한남동을 떠나지 않았다. 하객들이 자리를 모두 비운 뒤, 우리는 목사님의 사택으로 자리를 옮겨 우리의 결혼 후 계획을 나누웠다. 헤어질 때에 라인케 목사님은 그 큰 가슴에 나를 포옹하며 꽉 껴안으셨다. 사모님은 남편의 볼에 키스하며, 좋은 여자를 만나게 된 것을 축하하며 영원히 사랑하여야 한다고 말해 주었다.

이미 이 세상에 안 계신 라인케 목사님과 사모님은 나의 가슴에 아직도 머물러 있다.

위의 편지는 라인케 목사님이 네바다 주에서 1968년 12월 13일 타이핑해서 보내 준 크리스마스 편지이며, 끝에 자신의 자필로 예수 안에서 자신들은 우리의 좋은 친구로 남는다며 라인케 목사님이 사인하셨다. (2018. 5. 15.)

Roberta G. Rice 박사

미국 선교사, 휴벌스 부부의 소개로 나는 외과 의사인 라이스 박사를 알게 되었다.

휴벌스 박사는 미8군 교회에서 만나 오랫동안 교분을 나누던 사이였다. 그들은 연희동 선교사의 집인 그린 하우스에서 살고 계셨다. 내가 약혼하였다는 소식을 듣고 자신의 집으로 나와 나의 약혼자를 초대하였다. 당시 라이스 박사는 연세대학교 연세의료원에서 의대 교수로 재직하고 있었으며, 그녀는 처녀로 미국 감리교 선교부에서 파송한 선교사였다. 우리를 초대한 날에 라이스 박사도 휴벌스 선교사의 초대를 받아 그의 댁에 와 계셨다. 거실에서 우리는 자연스럽게 인사를 나누웠고, 식사를 하면서 그녀에 관한 자세한 이야기를 휴벌스 부인으로부터 듣게 되었다.

그녀는 외과 의사로 연세대학교 의과대학에서 강의를 하고 있으며, 연세의료원 수술실에 관한 운영을 맡고 있다고 했다. 연세대학교와 의료원에서 그녀는 한 푼의 월급도 받지 않으며, 미국 감리교 선교부에서 월급을 지급한다고 했다. 저녁 식사를 하면서 우리는 가까워졌다. 그 후에 여러 번 나는 라이스 박사를 개인적으로 만났고, 그녀의 사택에도 초대하여 주어서 방문하곤 하였다.

그녀를 소개하여준 휴벌스 부부보다 그녀를 더 많이 만난 것으로 기억된다.

내가 둘째인 아들을 낳고 남편의 권유로 교직에서 퇴직하고, 3년째 되던 해 어느 봄날이었다. 라이스 박사는 나에게 전화를 걸어왔다.

"내일 점심을 연세대학교 영빈관에서 합시다. 미쎄스 킴! 시간 되나요?"

난 괜찮으니 12시에 영빈관에서 만나자고 약속을 하고 전화를 끊었다.

그다음 날 우리는 정오에 영빈관에서 만났다. 주로 교수들과 외부에서 오는 손님들이 식사하는 곳으로 대학교 안에 있는 교수식당보다는 조용하고 메뉴도 달랐다.

라이스 박사가 시켜준 점심을 맛있게 먹고 커피까지 마시고 난 후 그녀는 나에게 할 말이 있다고 했다. 말씀해 보라고 했더니 같이 세브란스 병원을 돌아보자고 했다.

나는 그녀가 보여주는 이곳저곳을 기웃거리며 설명을 들었다. 헌데 수술실 입구에서 그녀는 감염에 대한 많은 이야기를 들여 주었다. 환자와 수술을 담당하는 의사, 간호사들이 같은 문으로 들어가고 나오며, 보호자들은 또 수술실 입구에서 대기하고 있으니 세균 감염이 염려된다고 했다. 그 후에 그녀는 의대 교수실로 나를 안내하였다. 오늘 고마웠다고 말하고 자리에서 일어서려고 하니, 그녀는 나에게 할 말이 있다고 했다. 나의 얼굴을 정색을 하고 바라보며 병원에 근무할 생각이 없느냐고 물었다. 사실은 어제 의료원장과 상의를 하여서 흉부외과의 수술실을 늘리고 다른 외과의 수술방 수도 늘리기로 합의를 보았다고 했다. 또한 의료기 도입도 행정실장을 두어서 외과 과장들이 구입하는 것을 차단시키기로 하였다며 함께 하기를 권한다.

이 모든 것을 내가 하면 좋겠다고 했다. 이미 의료원장과 총장에게 부탁을 해 놓았으니 나만 승낙하면 사무실을 주겠다고 했다.

갑작스런 제안에 당황하면서 나는 의사도 간호사도 아닌데 어떻게 병원에 관한 일을 하겠냐고 했다. 라이스 박사는 의학용어만 배우면 미쎄스 김이 충분히 할 수 있다고 했다. 남편과도 상의해봐야 한다고 했더니 우선 의료원장인 김효규 박사를 만나 보자고 했다. 의대 교수실은 4층에 있었고 의료원장실은 같은 건물 1층에 위치하고 있었다. 김 박사는 이미 알고 있다는 듯이 나를 보자 환히 웃으며 내일부터 출근하시죠 했다. 난 생각해 보겠다며 짧은 말을 남기고 그 방을 나왔다.

라이스 박사는 빨리 결정하고 나와 달라고 했다.

[illegible]

On this warm November evening I think of the many many joys received this year in the visits with friends. It was possible to attend four Golden Wedding celebrations, to watch three dear ones graduated from High School, to see so many from the Korea missionary family at the reunion in Louisville, Ky in August, to be with family in Nebraska, Missouri, in Colorado, in Minnesota, & to see many friends.

Oh, how many times I've been thankful to have the RV and to be able to use it to make so many visits possible. On the latest trip Anne Bolster, my English cousin's daughter was again able to visit the U.S.A. [illegible] friends.

Days are to[illegible] to read jo[illegible] to be sing[illegible] here. Jus[illegible] string orc[illegible]

New experie[illegible] children's[illegible] one of the[illegible]

Each of you[illegible] from me of[illegible] I'm thank[illegible]

We have a n[illegible] is changed[illegible] records. [illegible] love along[illegible]

So, all best wishes & share GOOD NEWS of Christmas the Prince of Peace, the Lord of Love was born on Christmas.

Roberta G. Rice

Roberta G. Rice, M.D.

A:1993CHRIS

I hope soon to have the printer working - Sorry

18/05/2018 09:16

Dr. Rice와 외과 교수들 (가운데 여자 분이 Rice)

이렇게 해서 나는 연세의료원 행정실장으로 재취업을 하였다. 의학용어는 2년간 배워서 불편함이 없었다. 외과 과장들의 회의인 OR Committee(Operating Room Committee)에도 스탭로 참석하였다.

내가 근무하는 동안 흉부외과 수술실 확장과 더불어 수술실은 30개가 넘게 되었고, 환자와 수술 담당 의사들이 들어가는 문도 각각 따로 나누웠다. 물론 보호자의 대기실도 따로 두었다. 의료기 도입 시, 외과 과장들과 종종 충돌이 있었으나 의료원에 도움이 되는 쪽으로 병원장과 의료원장은 늘 내편이 되어 주었다.

그녀는 결혼하겠다며 60세가 넘어서 의대 교수직을 떠났다. 미국에서 의대 다닐 때에 사랑하던 의대생이었던 남자가 부인과의 사별로 싱글이 되었다는 소식을 듣고 그녀는 급거 귀국하였다. 그 후 나는 그녀에게서 슬픈 소식을 들었다. 그녀는 결혼하지 않았고 어느 병원 응급실에서 근무하며 주일에는 감리교 교회의 합창단 일원으로 찬양하는 즐거움이 있다고 나에게 소식을 전하여 왔다.

위 편지는 1993년 은퇴한 선교사들이 주거하고 있는 노스 캐로나에서 보낸 크리스마스 편지이다. 이 편지에 그녀는 1992년 6월에 연세의료원 의대 교수들과 찍은 사진을 나에게 동봉하여 보냈다.

그녀의 크리스마스 편지는 매년 나에게 11월 20일경이면 도착되었다. 그녀는 일 년 동안 일어났던 중요한 일을 상세히 기록하였고, 마지막으로 즐겁고 평화로운 크리스마스를 보내고 새해에는 더욱 은혜가 풍성한 해가 되기를 기도한다는 내용을 실었다.

그녀에게서 크리스마스 인사편지를 못 받은 것이 10여 년이 넘는다. 나의 삶 속에서 함께했던 그녀와의 세월이 아직도 햇살 아래에서 반짝이고 있다.

(2018. 5. 17.)

월간 『세브란스』지에 게제 된 수필

요즈음 몇일 동안 아이들이 성화이다. 우리 집 대문 앞에 개 한 마리가 와서 자주 앉아 있다면서 집 없는 개이니 데려다 기르자고 엄마, 아빠를 조른다. 불쌍해 죽겠다면서 꼬마들은 아우성이다. 엄마, 아빠가 낮에는 집에 없으니 그 개를 볼 수 있을 턱이 없다. 그런데, 어제 밤이였다. 아빠가 밤 10시가 훨씬 넘어서 들어 오셨다. 왜 이렇게 늦으시었느냐고 물었더니, "멍멍이와 데이트 했어요" 하시며 그 개 이야기를 하시었다.

9시 경 집에 들어올려고 하는데 대문 앞에 조그마한 개 한 마리가 앉아 있더라는 것이다. 순간, 아이들이 말한 그 개이리라고 직감되어 데리고 들어올려고 허리를 굽혀 들여다 보니까 개는 벌떡 일어나 뒷걸음질을 치더라는 것이다. 혹시 집이 있는 개라면 데려다 주기라도 해야되겠다고 생각하며 그 개가 가는 곳을 좇아 다니셨다고 한다. 배가 고플것 같아 빵을 사서 던져 주어도 안 먹고 슬금 슬금 피하면서 머무르는 곳도 없이 계속 이 골목 저 골목을 헤매기만 하더라는 것이다. 1시간 이상을 좇아 다니다 그만 포기하고 오시는 길이라고 말씀하셨다. 문을 열고 들어오니 멀리 서서 동경하는 눈초리로 바라다만 보고 서 있었다고 하신다.

어느 집에서 학대에 못이겨 나온 것인지? 아니면 보신탕 집에서 탈출한 것인지? 도무지 알 수 없는 개이다. 여하튼 집이 없는 개임에는 틀림이 없다.

요즈음 우리 주위에서도 이와 같은 사람들을 많이 볼 수 있다. 육신이 거처 할 집은 있지만 영혼이 평안을 얻을 곳을 갖지 못한 사람이 너무도 많다 불안과 초조를 안고 나이아가라를 떨어지는 폭포수 마냥 물질 세계의 와중속에서 빈혈을 일으키며 충혈된 눈으로 휴식을 취하지 못하는 영혼들. 그들은 저 방황하는 개 모양 방황하고 있다. 주님의 따뜻한 보살핌과 영원한 휴식처를 뒤에 둔채 알 없는 거울에 나체를 비추며 그들 영혼은 신음하고 있다.

여름의 푸르름이 미풍에 하늘거리는 이때 잠시 대자연 속에 영혼을 묻어 보자. 우리의 영혼은 방황을 잃고 늘어지게 오수를 즐길 수 있으리라.

1976년 7월호 「집 없는 개」

◇수 필◇

황 혼

김 형 애

나리다로 가게되면 어떻게 하나 했는데 다행히 하네다 공항에서 귀국하게 되었다. 공항에서 간단한 식사를 끝내고 출구로 나갔다. L. A.에서 오는 KAL KE001기는 5시 30분 도착이라고 하더니 6시가 넘어서야 도착되었다. 2층으로 되어 있는 기체내에는 많은 한국인이 있었다. 아마 로스안젤스에 재미교포가 많이 살고있기 때문이리라 생각하며 나의 좌석을 찾아 앉았다. 좌석을 창가로 요청했더니 그대로 해주었다. 대기실에서 만난 불란서인 3명과 미국인 2명과 함께 자리를 같이했다. 그들은 한국에 처음 오는 관광여행이라면서 워커힐에 관해서 물었다. 나는 간단히 소개를 해주고 우리 나라에 대해서도 조금 이야기를 해주었다. 그들은 퍽 흥분되어 있었다. 홍콩에서 이틀, 도쿄에서 삼일 있었다며 서울에는 이틀 머무를 예정이라고 했다. 홍콩이나 도쿄는 이 삼일이면 다 보지만 서울은 한달을 보아도 다 못본다고 농담을 던졌더니 그들은 폭소를 터뜨렸다.

그들과 이런 저런 얘기를 하는 동안 기체는 서서히 이륙 준비를 하고 있었다. 바다에 면접한 하네다 공항 활주로를 서서히 달렸다. 순간 잠시 머물러 있던 일본에서의 날들이 필림 처럼 스쳐가기 시작했으며 황혼을 안고 기체는 상공으로 치솟기 시작했다.

왠지 마음이 공허해왔다. 이는 여행에서 돌아 올 적마다 느끼는 감상이다.

얼마를 날아 왔을까? 스튜어디스가 여기 후지 산이 보인다고 했다. 모두들 좌석에서 일어났다. 나는 카메라를 꺼내어 후지 산을 담고 다시 좌석에 앉아 몇자 메모를 시작했다.

5월초 서울을 떠난 나는 5월 14일 귀국해야 하므

리나라에서 무당이 굿할때 새끼 줄을 메어놓고 창호지를 군데군데 끼우듯 그렇게 해 놓고 그 아래 제단 같은 곳이 있었다. 나는 교회를 거의 볼 수가 없었다.

이토록 국가 경제가 성장하여 선진국의 선두를 달리고 있는 일본에 이런 샤마니즘의 뿌리가 아직도 국민 정신속에 깊이 도사리고 있는데 아연실색했다.

이는 다른 이야기지만 어느 날 사야마 시에 있는 한 병원을 방문하기 위해서 그 곳에서 일하고 있는 한 간호원에게 병원장의 허락을 받도록 부탁한 일이 있었다. 오후 늦게 그녀는 나의 숙소를 찾아주었다. 병원장이 쾌히 승낙하였다면서 그 다음 날 자기 차로 같이 가자고 했다. 고맙다고 그녀에게 인사 말을 하면서 나는 그녀의 눈동자를 빤히 드려다 보았다. 눈동자가 몹시도 충혈되어 있었기 때문이다. 피곤하냐고 묻는 나에게 그녀는 쑥스러운 표정을 보내면서 술 좀 마셨다고 했다.

술을 마시거나 담배를 핀다고 해서 그것이 타락을 의미하는 것은 아니겠지만 왠지 석연치 않았다.

물질적인 풍요가 반드시 정신적인 풍요를 동반하는 것 같지는 않다. 아니 그 반대 현상이 오히려 나타나지 않나 사려된다.

일본을 여행하면서 부러웠던 두 가지가 있었다.

첫째는 서민층의 집들에 담이 없는 것이다. 담 대신 집주위에 나무를 정연하게 가꾸어 나그네의 눈길을 끌었다. 자전거, 모터 사이클, 어린이들 장난감 등을 뜰에 어지럽게 놓아 둔 채 그들은 밤잠을 즐길 수 있었다. 직장 여성들은 집을 잠그고 출퇴근을 할 수 있으니 얼마나 부러운 일인가! 도쿄의 한 공원에는 그 공원에 오는 어린이들을 위한 자전거가 비치되어 있다고 한다. 원하는 시간 만큼 공원에서 타고 놀다가 집에 갈 때에는 제자리에 놓아 두고 간다고 한다. 일전에 어느 선생님들의 모임에 갔을 때 들은 이야기다. 한 고등학교 교장 선생님이 일본 고등학교를 방문하시고 느끼신 바 있으셔서 돌아 오시자 마자 그 고등학교 복도에 책장을 준비해 놓으시고 볼만한 책이며 참고 서적 등을 비치하셨다고 한다. 물론 이름을 적고 대여해 주는 것이 아니고 마음대로 보고 제자리에 꽂아 두는 것이다. 그러나 이 책들이 열흘도 못가서 다 없어져 그 교장 선생님은 실망하셨다고 하신다. 부끄러운 일이 아닐수 없다.

둘째는 누구에게나 친절한 그들의 태도였다. 고가도로상에서도 차의 문이 열렸으면 열렸다고 꼭 알려주는 그 친절

1978년 7월호, 「황혼」

- 8 - 세 브 란 스

수 필

공중전화의 양심

김 형 애

옹본 가까운 이웃나라를 들렀을 때 일이다. 만날 사람과 약속을 하기 위해 공중전화 앞으로 다아 갔다. 통화를 오래 하려면 동전을 많이 넣어야 된다고 들어서, 돈이 모자라 통화중에 전화가 끊어지는 것보다는 몇십엔이 더 들더라도 넉넉히 넣어야겠다고 생각하여 50엔을 집어 넣고 다이얼을 돌렸다.

약속시간과 장소를 정하고 짤막한 몇마디의 이야기를 더 나눈후 수화기를 놓았다. 그런데 이 웬일인가?

30엔이 달그랑거리며 밑으로 떨어져 나오지 않겠는가!

홀로 흐뭇한 미소를 지으며 그 공돈을 집어 주머니에 넣고 공중전화곁을 떠났다.

통화를 못했는데도 동전을 삼키고 무표정한 공중전화를 보면 약이 오르고 불쾌하기 짝이 없다.

우리 사회에도 위에 말한 공중전화의 두가지 양심을 가진 사람들이 공존하고 있는 듯하다. 전자의 양심을 가진 사람들이 많으면 많을 수록 그 사회는 밝을 것이요 후자의 양심을 가진 사람이 많으면 많을 수록 그 사회는 어두움이 짙을 것이다.

남에게 피해를 입히고도 모르는 척, 안한 척 하는 무리들! 자기의 잘못을 인정치 않고 고개를 빳빳이 세우는 무리들!

이들은 후자의 공중전화 양심을 소유한 오염된 양심을 가진 무리들이다. 이 오염된 양심은 대기의 오염처럼 숫한 선한 사람들에게 검댕이를 떨어트려 더럽힐 뿐아니라 정신적 질환을 안겨 주어 밝고 깨끗한 사회에 어두움과 그늘을 만들어 준다.

이 후자의 공중전화의 오염된 양심은 하루 속히 전자의 공중전화의 티없는 양심으로 갈아 끼워져야만 하겠다.

이것만으로도 우리 사회의 어두움은 얼마나 밝아지겠는가.

1978년 12월호, 「공중전화의 양심」

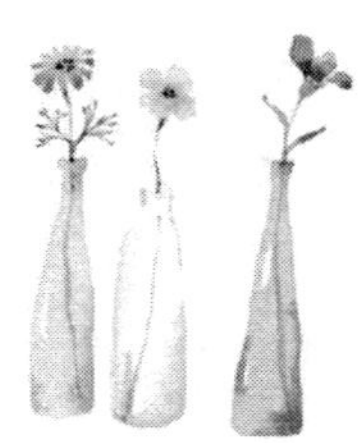

－6－ 세 브 란 스

△환자와 더불어△

나의 길에 주님이

김 형 애

2월 13일 오후 화창한 햇살을 받으며 신주꾸에 있는 동경 여의대 부속 병원을 방문했다. 외과 과장이신 쥬로·와다(Juro Wada)교수를 뵙고 14일 아침 외과 회의실에서 만나 뵙기로 약속을 하고 고대 부속병원에서 와 계신 현 진해 조교수를 만났다. 소화기 내과를 전공하셨다는 그는 동경 여의대의 내과 의료진과 소화기관 검사장비등에 관하여 구체적인 이야기를 해주셨다. 처음에 올 때는 탐탁지 않게 생각했으나 현지에 오고 보니 배울 점이 많다고 하셨다. 의료 장비나 기구등은 잘 갖추고 있어 '의료 봉사에 애로가 크게 없음을 부러워 한다고 말씀하셨다. 오는 6월에 삿뽀로에서 열리는 세계 의료기 전시회에 오시면 큰 도움이 되시리라고 그는 알려주었다. 내일 병원에서 다시 뵙기로 하고 5시경 헤어졌다.

그날 저녁 한 일본인의 저녁 초대를 동생과 함께 받았다. 그는 그의 부인과 친구 세명을 같이 초대했다. 조용하고 아늑하게 꾸며진 불란서 레스토랑이었다. 입구에 들어 서자 나는 "아!"하고 소리를 지를 뻔했다. 이유는 서울을 떠날 때 홍콩에 있는 친구에게 연락을 하려 했으나 부재중이므로 통화를 못 했는데 그 친구가 이곳에 있는 것이 아닌가!

그것도 같은 사람의 초대를 받고서 주님의 뜻이 여기 이렇게 계신 줄은 몰랐읍니다. 악수를 교환하며 우리는 이 만남은 기적이라고 했다. 밤이 늦도록 식사와 환담을 즐긴 후 레스토랑 입구 대기실에서 기념 촬영을 한 후 헤어졌다.

14일 아침 7시 반경 아까사까에서 택시로 한 10여분 걸려 동경 여의대에 도착했다. 8시 부터 시작하는 회의에는 좀 이른듯 했으나 한국인 의사 백양이 나와 있었으므로 그녀를 따라 회의실로 올라 갔다. 10여분이 지났을까. 거의 모든 의사들이 의자를 메우고 있을 때 와다교수가 들어 오셨다. 첫눈에 그는 나를 알아 보시고 회의 전에 소개할 사람이 있다고 하시며 나를 자기 옆으로 오라고 했다. 영어를 유창하게 하시는 그는 나를 소개 한 후 박수로 환영하자고 했다.

곧 와다교수가 안내하시는 수술실로 갔다. 수술실 간호부장 타마미·고에다에게 나를 소개시킨후 회진 후에 다시 오시겠다며 총총히 병실로 향하셨다. 고에다씨는 나를 갱의실로 안내하여 수술복으로 갈아 입게 한 후 수술실, 준비실, 회복실, 중환자실(I.C.U) 심도자 검사실(Cardiac Cath.Room) 등을 보여 주었다. 9시 40분경에야 수술방으로 되돌아 왔다.

중환자실이 수술실과 연결되어 있어 중환자를 운반할 때 쉬울 것 같았으며 모든 문은 자동으로 되어 있어 불필요한 열의 손실이나 감염을 막는데 도움이 될 것으로 생각되었다. 한편 수술방의 한벽은 밖에서 관찰할 수 있도록 유리로 되어 있었다. 이날 나는 (ASD Closure)환자가 있는 4호실에서 관찰하기로 하고 그방으로 들어갔다. 때마침 회진을 끝내신 와다교수가 오셨다.

그는 이 방에서 계속 집도하시겠다면서 다른 의사들에게 각방의 환자에 대하여 주의 사항을 주셨다. 그방 환자는 14살된 志村英子 였으며 마취가 다 되어 있었다.

그는 자기의 옆에서 관찰하라고 하시면서 간호원에게 보조 의자를 가져다 놓으라고 했다. 그 의자 위에 올라 서서 메모할 준비를 하고 있을 때 한 간호원이 방문록을 가져 왔다. 이름과 소감을 서너줄 쓴 후 그녀에게 되돌려 주었다. 와다교수는 가끔 그의 집도 과정에 대하여 설명을 해주시는 배려도 보여 주셨다. 수술실에는 그가 고안했다는 와다 심장 (Wada J.Heart Unit Machine) 기계가 있어 환자의 동태를 한 눈에 체크 할 수 있으며 수술 과정까지도 상세히 살펴 볼 수 있었다.

옆으로 눕혀진 환자의 수술 부위 속에서 쉴새없이 규칙적으로 뛰고 있는 내용물을 보고 순간 감탄했다. 창조주의 그 놀라운 손길에.

"나의 길에 주님이 같이 하시지 않으면 나홀로 어찌 존재 할 수 있으리까? 나의 생을 주관하시는 당신께 감사드리며 범사에 당신의 뜻이 있는 줄로 믿사옵니다."하는 기도를 마음 속에 담으며 57세의

1979년 5월호, 「나의 길에 주님이」

— 8 —

세 브 란 스

◇수　필◇

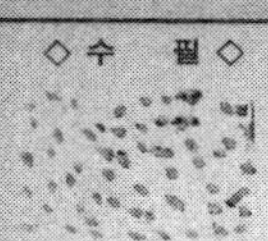

단상

김상형애

불을 끄고 잠자리에 누웠는데 귀뚜라미의 성화에 잠을 이룰 수 없었다. 살그머니 방을 빠져나와 서재로 들어갔다. 별 생각없이 퇴색한 메모첩을 뒤적이다 영어로 쓰여져 있는 다음 문귀를 발견했다.

"The Clock of Life"

인생이란 시계는 오직 한 번 고장이 난다.

두 바늘이 어느때 정지될 것인가를 말할 수 있는 능력을 가진 사람은 아무도 없다. 즉 오랜 세월이 흐른 후, 아니면 아주 일찍기 찾아 올 것인지를.

지금 이 순간만이 우리가 의지를 담고 땀흘려 일하며, 사랑과 생을 소유할 수 있는 시간이다.

결코 내일까지 기다리지 말아라.

내일이면 시계는 침묵속에 잠길지도 모르니까.

위의 글은 내가 번역을 한 것이다. 작자의 의도가 잘 전달되었는지 모르겠다.

이는 1967년이 저물어 가는 12월말, 내가 바이올리스트 루빈어후(Rubinoff)를 만났을 때, 그가 연주하기 전에 낭독한 글이다. 이는 그의 친구이며 고인이 된 윌 로저스(Will Rogers)로부터 선물로 받은 시계 뒤에 새겨져 있었다고 말했다. 이는 후일 루빈어후의 생애에 큰 변화를 가져오게 했다고 그는 덧붙였다.

"The Clock of Life" 〈인생이란 시계〉를 몇번 되뇌이는 동안 귀뚜라미의 아우성은 짙은 어둠속에 파묻혔다. 낙엽이 발 아래서 부서지며 차가운 바람이 가슴을 파고드는 계절이면, 우리는 주저앉을 듯한 애수와 니힐리즘에 빠지기 쉽다. 그러나 위의 싯귀를 읽으면 잠시라도 달리는 촌음을 놓쳐버릴 수가 없다. 시계의 재깍 재깍 하는 소리는 인간의 맥박소리처럼 들린다. 이것이 멈추기 전에 땀흘려 일한 노동의 열매를 부둥켜 안고프다. 그래서 주님이 우리에게 부여해 주신 생의 영광을 보여 드리고프다.

1975년 11월호, 「단상」

샤샤의 슬픔

불란서 파리에서 퍽 많이 떨어진 곳에 난민들의 천막이 여기저기 뒷골목을 어지럽게 하고 있다. 그곳에서 풍기는 냄새는 코를 쥐고 뛰게 한다.

나의 막냇동생 부부가 선교에 남은 삶을 바치겠다며 하와이에서 3개월간의 훈련을 마치고 지난해, 2017년 12월 초순경 종교개혁(동유럽)지를 돌며 Out Reach에 들어갔다. 나이도 젊지 않고 경제적인 넉넉함도 없는 그들이 자비량으로 선교를 한다는 것이 나의 마음을 아프게 하였다. 추운 겨울 날씨에 독일에서 시작한 그들의 선교지는 체코 프라하를 거쳐 오스트리아, 스위스를 거쳐 영국, 불란서에 이르렀다.

어느 날 그들은 난민이 사는 곳을 방문하였다. 각자의 점심을 위하여 샌드위치를 하나씩 준비하고 난민들을 위하여 많은 샌드위치를 만들어 비닐 팩에 한 개씩 넣어서 등에 걸머지고 그들을 찾았다. 천막이 보이자 오물들과 그들의 배설물에서 나오는 악취가 초입부터 진동을 했다. 화장실이 따로 없을 뿐만 아니라 땅바닥에 널빤지나 상자 따위를 펴서 천막 아래에 깔고 생활하는 그들은 난민 중의 난민이었다. 동생 부부의 미션과 연결되어 있는 프랑스 크리스천들이 그곳으로 안내하고, 그들은 각자 직장으로 출근했다. 아침에 도착한 동생 부부는 그들의 굶주린 눈빛에서 점심을 위하여 준비한 샌드위치를 그때까지 움켜쥐고 있을 수 없었다고 했다. 그래서 등에 지고 간 샌드위치 팩을 내려서 하나씩 나눠 주는데 그들은 받을 시간을 기다리지 못한 채 부부의 손에서 낚아채 갔다. 자신들의 점심 분도 다 나누어 주었다. 그 난민 가운데 한 손에 깁스를 하고 유난히 슬픈 눈빛으로 동생 부부를 바라보는 남자가 있었다고 한다. 그에게 다가가서 어떻게 팔을 다쳤느냐고 물었더니 조국을 탈출하다가 팔이 부러졌다고 했다. 그는 알바니아인 샤샤였다. 그의 옆에 있는 열 살이 좀 넘은 듯한 딸이 영어를 해서 소통할 수 있었다고 한다.

동생 부부와 동행한 일행은 샤샤를 돕기 위하여 파리 에펠탑 아래로 갔다. 거리 연극과 찬양을 통하여 모금을 할 예정이었다. 기타 케이스를 길 위에 열어 놓고 그들은 찬양을 시작하였고, 뒤이어 부채춤을 화려하게 보여 주었다. 두 젊은 화가는 음악 리듬에 맞춰서 춤을 추며 블랙보드에 예수님의 상을 그려가기 시작하였다. 음악이 끝날 때쯤 예수님의 상이 완성되었다. 그때에 그들은 불어로 번역된 요한복음 3장 16절 말씀(하나님이 세상을 이처럼 사랑하사 독생자를 주셨으니 이는 저를 믿는 자마다 멸망치 않고 영생을 얻게 하려 하심이니라.)의 전도지를 나눠 주면서 마무리를 했다,

세계가 이상 기온으로 몸살을 앓고 있는 이때에, 파리에도 때 아닌 폭풍우가 불어 닥쳐 갑자기 억수 같은 비가 쏟아지고 바람이 불어와 몸이 날아 갈 것 같았다.

그들은 서둘러 기타 케이스를 닫고 쏟아지는 비에 흠뻑 젖은 몸으로 다시 난민촌을 찾았다. 샤샤의 치료비에 도움이 될까 해서 모금한 프랑을 다 그의 앞에 쏟아 놓았다.

몸이 젖어 그를 포옹할 수 없어 젖은 손으로 그의 손을 잡고 예수님의 치료 손길로 안수하시어 속히 그의 건강이 회복되기를 간절히 기도를 했다. 그리고 그의 영혼 구원까지 부탁드리며 예수님의 이름으로 기도를 마쳤다. 동생부부와 일행이 기도를 마치고 샤샤를 바라보았을 때에 그는 구슬 같은 눈물을 흘리며 흐느꼈다.

"나 예수 믿을게요. 평생 당신들을 잊지 않겠습니다. 고맙습니다."

샤샤는 울음 섞인 말로 예수 믿기를 약속했다. 이때 옆에서 지켜보고 있던 그의 딸이 아빠에게 노래를 불러서 저들을 기쁘게 해 주라고 했다. 샤샤는 이 말을 듣자 고개를 좌우로 흔들며 "No,

No. I can not sing."(아니야, 아니야 난 노래 할 수가 없어)했다.

샤샤는 알바니아에서 유명한 가수임을 그의 딸에게서 듣고 동생 부부 일행은 그 자리를 떠났다.

샤샤의 슬픔을 예수님께서 거두어 주시고 그의 심령 가운데 성령님 임재하시어 그가 세상 노래가 아닌 하나님 찬양으로 기쁨이 가득 하기를 기도합니다. (2018. 1. 20.)

돌쎄의 귀국

지난 7월, 어느 날 나에게 다음과 같은 문자 메시지가 도착했다.

"Gwonsanim! I will come back to my country on August 23. Love you."(권사님! 저는 8월 23일에 귀국합니다. 당신을 사랑합니다.)

메시지를 보낸 사람은 필리핀 여자분, '돌쎄'다. 그녀는 한국에서 불법체류자로 노동을 하면서 본국에 있는 다섯 명의 자녀에게 학비와 생활비를 보내왔다. 이제 자녀들은 모두 학업을 끝내고, 직장을 가진 아들과 결혼한 딸들도 세 명이나 된다.

내가 그녀를 만난 것은 31년 전, 1986년이다. 내가 다니는 교회의 담임목사님의 부탁으로 목사님의 설교를 영어로 동시통역할 때였다. 필리핀어인, 따가로그가 있으나 그녀는 영어를 유창하게 구사했다. 당시 우리 교회에는 40여 명의 필리핀 성도들이 있었다. 주중에는 고된 노동을 하고 주일에 교회 오는 것이 그들은 최상의 기쁨이었다. 그런데 당시에는 예배가 끝난 후 그들이 커피라도 마시며 쉴만한 공간이 교회에는 없었다. 난 그들을 집으로 데리고 왔다. 잠깐 머무르며 차를 마시는 그들은 퍽 즐거워했다. 그들과 어울리며 개인적인 사정과 작업장에서 일어나는 크고 작은 충돌을 알게 되었다. 그들은 봉급을 못 받고도 하소연할 곳이 없었다. 봉급을 달라고 독촉하다가 일하던 공장에서 불법체류자라는 약점 때문에 쫓겨나기가 일쑤였다. 건강보험이 없는 그들은 병에 걸려도 병원에 갈 생각을 못한다. 심각한 상태에 처한 환자들을 나는 데리고 국립의료원과 적십자 병원, 최일도 목사님이 세운 천사병원을 찾아가 사회복지과를 통하여 도움을 주었다.

1998년으로 기억된다. 주일 예배에 참석한 돌쎄는 눈이 잔뜩 충혈 되고 부어 있었다.

예배가 끝난 후 그녀의 친구에게 그녀에게 무슨 일이 있었는지 물었다. 돌쎄의 어머니가 돌아가셨다고 했다. 그러나 그녀는 출국할 수가 없었다. 출국하면 다시는 한국에 올 수 없기 때문이다. 슬픔과 아픔이 돌쎄를 휘감고 있으나 위로할 말이 없었다. 그녀를 끌어안고 함께 울 뿐이었다.

불법체류 외국인 노동자들은 법무부가 수시로 단속하며 체포하기 때문에 일을 하면서도, 거리를 다닐 때도 마음을 졸이며 지낸다. 어느 날 갑자기 보이지 않는 성도들은 체포되어 출입국관리소로 넘겨졌기 때문이다. 그들은 바로 출국하여야 한다. 그러나 공장주가 비행기 표를 사 주지 않으면 화성 외국인 보호소로 넘겨져 죄수 아닌 죄수가 된다.

친정어머니가 돌아가신 4년 후에 그녀는 또 조국으로부터 비보를 들었다. 남편이 암으로 투병하던 중 영영 오지 못할 길로 떠났다는 것이다. 돌쎄는 교회도 못 나왔다. 예배 후 필리핀 성도들과 함께 그녀의 지하 셋방에서 그녀를 만났다. 냉기가 도는 반 평 정도의 방에서 그녀는 이불을 휘감고 누워 있었다. 인기척에도 그녀는 아랑곳하지 않고 누워 있었다. 친구가 Mrs.Kim이 왔다고 하자 그녀는 헝클어진 머리를 쓸어 올리고 자리에서 일어나 흐느끼며 나의 가슴 속으로 파고들었다.

“So Sorry! However you have done your best for your husband and family. The Lord remembers your sincere and faithful heart. Pray you could keep peace.”
(퍽 애석합니다. 허나 당신은 남편과 가족을 위하여 최선을 다 했습니다. 하나님께서는 당신의 신실하고 충성스런 마음을 기억하십니다. 당신에게 평안이 임하길 기도합니다.)라고 위로한 후에 다음 주일에 볼 수 있기를 바란다며, 그녀의 지하 방을 나왔다.

30대의 탱글탱글하고 탄력 있던 그녀는 어느새 주름진 60대 후반으로 접어들었다. 2년 전에는 자궁 적출 수술도 받았다. 작은 키에 큰 눈을 가진 돌쎄는 그래도 늘 함박웃음을 짓고 다닌다.

9년 전 우리 교회 내에 필리핀교회인, 'Living Stone Filipino Community Church'가 설립되었고, 필리핀 목사님을 초빙하여 그들의 언어인 따가로그로 예배를 보고 있다. 돌쎄는 장로로 피택되어 그 교회를 위하여 또한 동료들을 위하여 봉사를 했다. 지난 10년간은 공장이 아닌 한국 가정집에서 가사 도우미로 일하며, 주인집 아들에게 영어도 가르쳤다. 그 아이는 미국 유학을 갔다고 한다.

이제 31년 만에 한국을 떠나는 돌쎄를 축복해 주어야한다. 그 동안 체포되지 않고 살 수 있었던 것은 하나님의 은혜라고 눈물을 글썽이는 그녀! 한국에서 흘렸던 모든 눈물에 감사한다는 그녀, 그녀의 고된 삶은 자녀들의 밑거름이 되어 아름다운 열매를 맺었다. 돌쎄의 외손녀가 할머니를 모시고 가려고 한국에 왔다. 그들을 포옹하는 순간 나의 눈에서도, 그들의 눈에서도 눈물이 흘러내렸다. 빈궁마마로 고국에 돌아가는 그녀에게 하나님의 축복과 은혜가 넘치기를 기도한다.

돌쎄! 살라마포(고마워요), 그리움과 부족함이 없는 세월을 살아요!

(2017. 8. 12.)

제17회 언더우드 선교상

언더우드 선교사는 1885년 부활주일인 4월 5일에 26세의 젊은 청년으로 한국에 왔다. 하나님을 알지 못하는 조선 땅에 하나님을 전하기 위한 발걸음이었다.

그는 성경을 번역하였고 찬송가를 정비하고 많은 교회를 세웠다. 하지만 가장 힘을 기울인 것은 교육이었다. 한국에 오자마자 의료 사업을 행하던 제중원을 거점으로 교육 사업을 시작하였다. 그 첫 사업으로 부모 없고 집 없는 아이들을 모아 고아학당(일명 언더우드 학당)을 만들었다.

언더우드 선교사의 업적을 기리기 위하여 KBS에서는 지난 해

겨울 서거 100주년을 기리며 언더우드 선교사의 고귀한 정신과 일생을 생생하게 기록한 다큐멘터리를 제작하였다. 이 프로그램에서 드러났듯이 그는 한국민을 진정 사랑하고, 한국의 역사와 문화를 존중하였고, 배움의 기회를 얻지 못했던 한국인도 교육을 받으면 부강한 문명의 나라가 될 것이란 확신을 가졌다. 그래서 1915년 온갖 어려움 속에서 기독교연합대학인 '조선 크리스천 칼리지'를 창립하였다. 하지만 대학 창립을 준비하며 건강이 악화되어 이듬해인 1916년 10월 12일 하나님의 부르심을 받아 그토록 사랑하던 한국 땅에서의 30년 사역을 마치게 되었다.

연세대학교가 으뜸가는 기독교대학으로 발전하게 된 것은 언더우드 선교사의 기도와 헌신 덕분이다. 또한 언더우드 서거 후에 이를 계승한 동역자와 계승자의 노력 때문이다. 연세대학교는 언더우드 선교사의 이러한 발자취를 계승하여 오늘의 연세 교육 정신으로 승화하고자 애를 쓰고 있으며 이의 일환으로 언더우드 선교상을 우리나라 선교사 중에서 선발하여 주고 있다.

이 선교상은 언더우드 선교사처럼 미지의 땅에서 토착 원주민을 섬기고 선교와 교육에 개척 정신을 발휘하여 헌신 봉사하는 선교사님들을 대상으로 하여 소속 교단에 관계없이 주고 있다. 이 상을 통하여 언더우드 선교사의 정신과 삶이 전 세계로 퍼져나갈 수 있기를 기대한다.

제17회 언더우드 선교상은 세 분의 선교사에게 주어졌다.

이규대 선교사는 인도네시아 정글에서 난민선교와 의료선교를 하고 계시며, 상영규 선교사는 필리핀에서 학교설립과 의료 활동을 통하여 선교를 하고 있다. 또한 안성현 선교사는 인도네시아에서 학교설립과 교회 개척으로 정글 오지 선교를 하고 있다. 이 상이 세분의 선교사님의 선교 활동에 큰 활력소가 되어 더욱 큰 선교의 결실을 맺게 되기를 바란다.

연세대학교는 앞으로도 언더우드 선교사의 뜻을 따라 기독교대학의 참된 면모를 갖추기 위하여 최선을 다하겠다는 요지의 말씀을 언더우드기념사업회장이며 연세대학교 총장인 김용학 교수가 기념사에서 피력했다.

장석교회에서 26년 전에 파송한 이규대 선교사에 대하여 몇 마디 하고자 한다. 그는 대한예수교장로회 총회와 장석교회에서 인도네시아에 파송한 선교사이다. 1991년 장석교회에서 그를 파송하기 위한 예배가 있었다. 그 당시 자녀들이 어려서 성도들은 예배 중에 눈물을 흘렸다. 나도 그중의 한 사람이다.

일곱 살 된 딸과 다섯 살인 아들이 이규대 선교사의 자녀였다. 하나님이 그들을 잘 지키시고 양육시켜주실 것을 기도했다. 그 기도는 오늘 새벽에도 계속되었다. 이규대 선교사는 30만 명 미전도 종족인 아낙 달람 종족 지역에 10개 교회를 개척하였고, 1993년에는 빠라클레토레스 신학대학교 교수를 했고, 스리위자야

신학대학교 설립을 2006년에 하여 선교학 교수로 재임하고 있다.

1994년에는 아낙달람 종족 아이들 장학금을 지원했으며 그들에게 의약품과 긴급환자 지원 사업을 했다. 또한 아낙달람 종족 환경난민들 대상으로 정착촌을 건설하였다. 2014년에는 농촌선교훈련센터와 새싹 유치원을 설립하였다. 2004년에는 수마트라섬 쓰나미 긴급구호활동을 하였으며 그리고 2012년에는 소은행 사업을 시작하였다.

아내인 이진옥 선교사와의 사이에 태어난 남매는 지금 잘 성장하여 가정을 이루었다. 그들은 모두 연세대학교에서 장학금으로 학업을 마쳤고, 이규대 선교사도 연세대학교 연합신학대학원에서 배민수 장학금을 받아 신학박사 과정을 마쳤다. 그들은 모두 연세대 동문이다.

시상식에서 나는 김병수 연세대학교 전 총장님을 만나 기쁜 재회를 하였다.

그는 내가 연세의료원 행정실장으로 근무할 당시 암센터 소장이셨다. 나의 아들도 연세대학교 경제학과를 졸업했으니 우리도 연세대 동문이다.

이규대 선교사는 자카르타에서 사역하고 계신 박윤길 목사님의 따님(박동영)을 며느리로 맞이하여 손자, 가람이를 두었다. 딸 이수아는 이규대 선교사가 언더우드선교상을 받던(2017년 10월 13일) 그 다음날 장신대 세계선교관에서 결혼식을 올렸다. 올해는 이규대,

이진옥 선교사의 안식년의 해이다. 헌데 하나님은 이들을 축복하시여 선교상을 받게 하시고, 딸의 결혼문제까지 해결하여 주셨다. 수아의 배우자를 위하여 기도하여 온 나는 그녀의 부모님들 못지 않은 기쁨을 가졌다.

2017년도 35일 남았다. 이규대, 이진옥 선교사의 체류기간이 35일 남은 셈이다. 그들이 인도네시아로 떠나기 전에 수아의 신혼집에서 재회를 하여야 할 것 같다.

세계 각국 오지에서 이름도 빛도 없이 복음을 전파하고 있는 모든 선교사들에게 하나님의 은혜와 축복이 그들의 대대손손 내려지기를 간절히 기도드린다.

오늘 언더우드 선교상을 받은 세분의 사역에서 더욱 하나님께 영광 돌리시기를 기도합니다. 이상을 제정한 연세대학교도 기독교 교육에 만전을 기하여 이 나라와 세계 발전에 크게 기여하는 인재들을 배출해 주시기를 기원합니다. (2017. 11. 26.)

故 강광수 교장을 추억하며

캘리포니아를 1970년 이후 수없이 갔었지만 올 3월초처럼 추위를 느껴본 적이 없다. 늘 따듯했던 것만을 기억하고 여름옷만을 챙겨 가서 황당함을 느꼈다.

나는 동생이 내어 준 긴 바지와 스웨터를 입고 며칠 지내다가 결국 옷가게를 들여서 긴 바지와 긴팔 난방 두 개씩을 샀다.

둘째 여동생집이 Lake Forest에 큰집을 가지고 있어서 미국에 갈 때에 머물 곳은 걱정하지 않는다. 허나 내가 꼭 들여야 할 곳은 LA근처 Culver City에 살고 계신 고(故) 강광수 교장 댁이다. 그는 남편과 한 학교에서 오랫동안 근무하셨던 분이다. 이북에서 평양사범을 졸업하시고 공산주의가 싫어서 홀로 월남하셨다.

그분과 남편과의 인연은 K전자남자고등학교를 일찍이 설립하신 C 이사장으로 인하여 맺어졌다. 남편이 다른 고등학교에서 근무하고 있었을 때 이사장의 권유로 K고등학교로 옮겨 가게 되었다. K고등학교는 그 후 대학교, 대학원, 고등학교, 중학교 둘, 사립 초등학교, 유치원까지 학원이 확장되어 운영되었다.

그분은 이사장 신임을 얻어 일찍이 교장이 되었다. 강직하고 타협을 모르는 올곧은 성품을 소유하셨다. 이런 면이 남편과 닮았다.

충북 괴산이 고향인 남편은 일찍이 서울에 올라와 서울대학 수학과를 다니면서 자취를 하였다. 졸업 후 교편을 잡으면서 하숙으로 거처가 바뀌었다. 새로 설립된 중학교에서 그분은 교장 직에 있었고, 남편은 주임을 맡고 있었다.

어느 날 직원 회식 후에 그분이 남편을 조용히 보자고 하여 다른 교사들이 자리를 다 떠난 후에 만났다고 한다. 그 자리에서 그분은 나도 이북에서 넘어와 남한에 친척이 없으니 함께 살자고 제안하였다. 그에게는 세 아들이 있었다. 이 아이들의 삼촌이 되어 달라고 하였다. 남편은 생각하여 보겠다고 했으나, 속으로는 이미 결정했다. 왜냐하면 대장부 같은 사모님의 마음을 알기 때문이라고 했다.

나와 결혼하기 전 3년 동안 그분 댁에서 한식구로 지냈다. 결혼하기 전 부모님의 상견례에도 남편의 부모님으로 나의 부모님을 만났다. 내가 결혼할 때에 남편의 부모님은 이미 이 세상 사람들이 아니었기 때문이다. 우리의 약혼식 때에도 결혼식 때에도 그분과 사모님은 남편의 부모님 역할을 해 주셨다.

1973년 퇴직할 나이가 아니었으나 조기 퇴직을 하셨다. 미국으로 이민을 가기 위해서였다. 당시 미국에는 그분의 작은 처남이 사셨다. 처남의 초청으로 온 가족이 한국을 떠나게 되었다. 실은 그분의 큰 처남이 사업을 하신다고 그분의 집을 담보로 하여 큰돈을 은행으로부터 대출받았으나, 사업이 여의치 않아 집이 은행으로 넘어가게 되어 남창동에 큰집을 빼앗기고 미아리의 작은 셋방에서 살게 되었다. 이정도면 사모님께 원망도 할 만하나 그분은 한마디도 하지 않으셨다. 물론 이렇게 재산을 일으킨 뒤에는 사모님 사업의 힘이 컸다.

이민 초기에 온 가족이 빌딩 청소를 하면서 고생하였으나, 모두 성실히 하여 세 아들이 유수한 대학을 졸업하고 좋은 직장을 가졌고, 결혼도 하였다.

아들들이 좋은 직장을 다녔으나 두 분은 유태인 소유의 의사빌딩에서 샌드위치 숍를 운영하셨다. 사모님이 주문을 받아 음식을 다 만들면 그분은 각층의 의사 사무실로 음식 배달하는 일을 하셨다. 어느 해인가 그분 댁에서 하룻밤을 자고 새벽에 부스럭 소리에 잠이 깨였을 때에, 이미 일어나서 캘리포니아 롤(아보카도 열매가 들어간 김밥)을 만드는 사모님의 모습을 보고 놀라서 나도 주섬주섬 옷을 걸쳐 입고 사모님을 도왔다. 그날 나는 의사빌딩으로 가서 함께 하루를 보냈다. 쟁반에 음식을 들고 배달하는 그분의 모습을 보며 안쓰러운 생각이 들었다. 저녁에 그분 댁에 돌아와서 큰아들에게 물어 보았다. 큰아들의 수입이 큰지, 사모님의 수입이 큰지를.

큰아들은 아버지와 엄마의 수입이 훨씬 크다고 했다.

그분의 큰아들은 내가 연세의료원 행정실장으로 근무할 때 연세대 주생활과를 톱으로 나오고 세브란스병원에서 영양사로 근무하던 J양을 소개하여 결혼했다.

그들에게도 2남 1녀의 자녀들이 생겼고 그들의 장남은 결혼하여 아들을 낳아 돌이 지났다.

교장선생님은 저녁이면 손자, 손녀에게 한글을 열심히 가르치셨고, 이름은 한문으로 써서 외워야 한다며 붓글씨로 크게 써서 그들이 익히도록 했다.

샌드위치 숍을 정리하시고는 노인센터에서 붓글씨를 가르치시며 소일하셨다. 주미 한국일보사가 개최한 붓글씨 대회에서 최우수상을 받으시기도 했다.

고(故) 강광수 교장은 2017년 3월 사모님이 저 세상으로 가신 후 6개월 만에 돌아가셨다고 큰아들이 나를 만났을 때에 알려 주었다.

2015년 5월에 그분들을 마지막 뵈었다. 당시 우리는 LA에 있는 큰 갈빗집에서 갈비와 냉면을 먹었다. 그때 사모님께서 유난히 말이 없으셔서 건강에 이상이 있으신지 며느리에게 물었다. 치매가 온 것 같다고 대답하여 주었다. 교장선생님은 걸을 때에 보폭이 좁았으나 건강해 보이셨다. 당시 그들은 노인 요양병원에 계셨다.

2018년 3월 5일 나는 큰아들과 함께 강광수 교장 선생님과 사모님이 묻힌 Rose Hill을 찾았다. 호수가 보이는 곳에 두 분은 나란히 누워계셨다. 묘비에는 고(故) 강광수와 고(故) 강인숙이라고 새겨져 있다. 묘비에 덥힌 풀을 가위로 잘라내고 며느리가 떠온 물을 부어서 묘비를 깨끗이 닦았다. 교장선생님이 좋아 하시던 소주와 사모님이 좋아 하시던 콜라를 잔디에 부으면서 맛보시라고 했다. 한줄기 바람이 나를 휘어 감고 지나간다. 두 분의 영혼이 나를 맞이하는 듯하다.

2018년 3월의 캘리포니아 날씨가 이토록 추운 것은 강광수 교장 선생님이 안 계셔서 일까. 압력솥에 현미밥을 손수 지으셔서 나에게 대접하시던 그 자상하시던 손길이 그리워진다. 사모님의 캘리포니아 롤도 먹고 싶다. (2018. 3. 5.)

폭포로 떨어져
두타연의 속울음이 되는 북쪽 사람들의
시퍼런 멍이 푸른 하늘을 껴안아 품고 있다.
남북 통일되는 그날에
두타연은 가슴 속 응어리를 터트려
분수처럼 물줄기를 내어 뿜으리라.

3부

힐빙으로 행복찾기

디아스포라 문학과 이미륵

인천 한국근대문학관 주최로 5월 20일 문학관 3층 교육연구실에서 〈디아스포라문학과 이미륵의 작품세계〉에 대한 발표가 있었다.

기념축사로 이미륵 유족 대표, 이영래 씨가 포럼에 대한 감사 인사를 하였고, 뒤이어 한국문학과 디아스포라에 대한 강의가 충남대 서영인 교수가 3·1운동과 디아스포라와

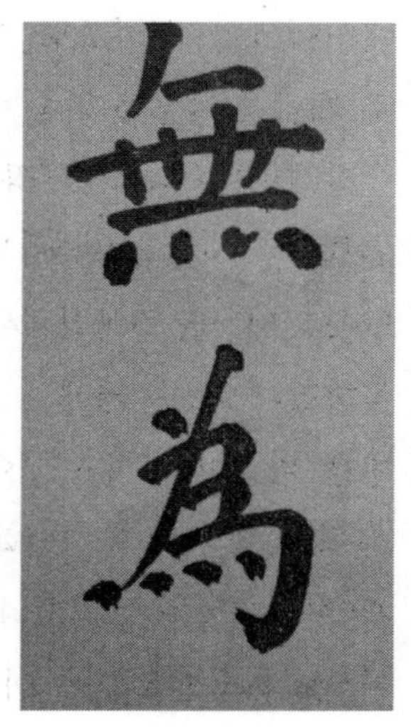

이미륵의 문학세계에 대하여서는 성신여대 김륜옥 교수가 발표하였다. 덧붙여서 재미 한인의 디아스포라 문학에 대하여 경희대 채근병 교수의 발표도 있었다.

서 교수의 발표를 요약하면 다음과 같다.

그리스어 Dia+Speriro라는 말에서 비롯된 것이 디아스포라(Diaspora)이며 이산(離散)을 뜻하나, 그 원어의 뜻은 '씨를 뿌리다'인데, 팔레스타인 땅을 떠나 흩어진 유대인과 그들의 공동체를 칭하였으나, 모국으로부터 이주한 소수 집단 공동체로 의미가 확대되었다.

James Clifford는 민족 공동체적 특성을 유지하지만 민족의 영역 밖에서 살아야 하는 모순적 존재를 '디아스포라'라고 정의하기도 했다.

한국문학과 디아스포라에 있어서 재외거주 한국인의 문학을 우리는 디아스포라 문학이라 말한다. 이는 역사적, 정치적, 경제적 이유로 국외 이주하여 차별과 차이의 현실과 이중적 정체성을 가지며, 국민 국가적 동일성에 대한 회의와 성찰이 깔려있다.

예로 1943년 '경향신문'에 발표된 윤동주의 시, 「쉽게 쓰여진 시」는 간도로 이주한 조선인들의 식민지적 현실의 충돌을 썼다. 강경

애(1906-1943)의 「소금」에서도 식민지 이민이 겪는 현실의 재현으로 계급적 갈등과 민중 수난을 나타내고 있다.

김 교수는 디아스포라 이미륵의 작품 소개를 다음과 같이 했다.

이미륵(1899~1950)은 1931년 독일 문예지, 디 다메(Die Dame)에 「어느 날 밤 골목길에서」라는 수필을 발표함으로 작가생활을 시작하였다. 그는 황해도 해주에서 출생하였고, 본명은 의경이며 필명은 미륵이다. 유년기에 서당에서 한학을 공부하여 전통적 윤리와 풍속을 익혔다. 개화기의 물결 속에서는 신식중학교에 다니며 서양식 교육을 받았으나, 아버지의 죽음 이후 독학으로 경성의학전문학교에 입학하여 의학을 공부하면서 서양학문과 서구 문물 체험을 한다. 이때에 항일운동을 주도하다 상해로 망명한 후 파리를 거쳐서 1920년에 독일로 망명했다. 뮌헨대학교에서 동물학, 철학, 생물학을 전공하면서 동물학 박사학위를 받았다. 1946년 그의 성장 소설인, 『압록강은 흐른다(Der Yalu fliesst)』를 출간하였다. 이 소설에서 그는 한국에서 보낸 어린 시절을 썼으며, 독일인들은 먼 낯선 나라의 고유한 전통과 생활방식을 이해하게 되었다. 이 책은 한국보다 독일에서 많은 관심을 가지고 읽혔다. 독일인이 사랑한 이미륵 작가다. 그는 물을 생명과 자연으로 이어지게 표현했으며, 이는 어머니의 모티브로 유토피아를 뜻했다고 했다. 존재하지 않는 유토피아를 생각하며 실망을 두려워하여 한국에 돌아오지 않았을까 하는 생각을 해 본다고도 했다.

1927년 2월에는 벨기에 브뤼셀에서 개최된 〈세계피압박민족결의대회〉도 참석하여 조국애를 나타내기도 했으며, 1948년에는 뮌헨대학교 동양학부 외부교수로 초빙되었다. 이미륵 소설가는 한국의 대표적인 디아스포라 문학을 썼다.

그밖에 채 교수는 재미한인의 디아스포라 문학 작가로 다음과 같은 분들과 작품이 있다고 했다.

한인 1세대 작가로는 강용흘, 김은국 등이 있으며, 한인 1.5세대는 이창래의 『영원한 이방인』,『척하는 삶』처럼 영어와 한국어로 작품을 썼다. 그러나 캐시 송(Cathy Song)의 『사진 신분』경우처럼 한인 3세대는 주로 영어로 작품 활동을 했다.

재미 한인 문학의 특수성은 현재적 지속성과 이원적 동시성(한글 문학 활동과 영문 문학 활동의 이원적 동시적 산출)이며 더불어 세계적 확산성이다. 세계 공용어인 영어로 작품을 쓰기 때문이다.

이상으로 2018년 디아스포라 문학과 이미륵의 작품세계를 간추려 보았다.

현재 우리나라에 와 있는 외국인 수가 불법이주자를 포함하여

약 200만이 넘으며, 해외에 있는 동포의 수가 600만이 넘는다고 한다. 그들은 말 그대로 디아스포라의 삶을 살고 있다.

이러한 때에 디아스포라 문학을 논하며 특별히 우리나라 격동기와 세계 제2차 대전을 겪으며 독일에서 문학가로 활동한 이미륵 소설가의 삶을 살펴 본 것은 큰 의미가 있었다. (2018. 5. 20.)

※상단 우측의 사진은 국립중앙도서관에서 한국과 독일의 수교 130년을 기하여 2013년 9월13(금)부터 2013년 10월27일(일)까지 '이미륵:독일이 사랑한 동양의 현인'展이 개최되었을 때에 국립중앙도서관에서 발간한 비매품 표지이다. 아래 서예의 좌우 작품은 유족 대표, 이영래 선생이 보관하고 있는 이미륵 박사의 친필을 복사하여 나에게 보낸 작품이다.

박인환 문학관에서

아침 햇살이 눈부시게 쏟아지는 6월 2일 압구정 현대백화점 주차장으로 향했다. 강원도 인제로 향하는 한국기독시인협회 회원들은 오랜만에 만나 서로 반가움의 인사를 나누었다.

가평, 홍천을 지나 인제에 도착하자마자 우리 일행은 박인환 문학관을 찾았다. 문학관은 인제군 인제읍 인제로 156번길 50에 위치하고 있었다.

안으로 들어가기 전에 박인환 시인의 가슴을 열어젖힌 동상이 있어 그 품에 안겨 사진 한 장을 남겼다.

문학관 안에는 박인환이 태어난 고향의 초가집과 논과 밭이 그 옆으로 펼쳐져 있었다. 멀리 뒤로는 나무가 빽빽한 푸른 산이 깊

박인환이 태어난 고향집 모형

은 계곡을 안고 옛 시간을 품은 채 아래 마을을 내려다보고 있는 모형이 평화로웠다. 그의 작품은 물론 그가 즐겨 입었던 코트와 상의 양복과 중절모자가 벽에 걸려 있었다. 또한 술을 좋아하던 시인을 생각케 하는 술병들이 여러 칸에 진열되어 있었다.

그는 1926년 8월 15일 강원도 인제군 인제면 상동리 159번지에서 태어났으며, 1946년 '국제신보'에 「거리」라는 작품 발표로 시인 데뷔했다.

그가 25세인 1950년 6·25전쟁이 발발하자 1951년부터 경향신문사 본사가 있는 부산과 대구를 오가며 종군기자로 활동하며, 「신호탄」, 「고향에 가서」, 「문제되는 것」, 「벽」 등을 썼다. 1952년 『주간국제』의 '후반기 문예 특집'에 「현대시의 불행한 단면」이라는 산문 기고(6월 16일)를 했다. 경향신문사는 그 후에 퇴사하고 대한통운공사에 입사하였다. 「살아 있는 것이 있다면」, 「어떠한 날까지」, 「부드러운 목소리로 이야기할 때」 등을 썼다. 30세가 되던 해인 1955년 화물선 남해호의 사무장으로 미국을 여행하여 귀국 후 '조선일보'에 「19일간의 아메리카」를 기고(5월 13일 및 17일)하였다. 대한해운공사를 퇴사한 후 『박인환 선시집』을 10월 15일 출간했다. 1956년 31세의 나이로 3월 20일 서울 자택에서 심장마비로 사망하여 망우리 공동묘지에 묻혔다.

몇 년 전 망우리 묘소를 찾던 때에 난 그의 시비를 그곳에서 보았다. 그의 유명한 대표 시, 「목마와 숙녀」가 세워져 있었는데, 깊은 가을에 갔던 나는 묘지 위에 쌓이는 낙엽과 그 위에 서성이는 바람만 만나고 돌아왔다.

> 한 잔의 술을 마시고/ 우리는 버지니아 울프의 생애와/ 목마를 타고 떠난 숙녀의 옷자락을 이야기한다./ 목마는 주인을 버리고 그저 방울소리만 울리며/ 가을 속으로 떠났다/ 술병에서 별이 떨어진다.// 목마는 하늘에 있고/ 방울소리는 귓전에 철렁거리는데/ 가을

바람 소리는 내 쓰러진 술병 속에서 목메어 우는데….

위의 시는 「목마와 숙녀」의 일부이다.

박인환 문학관을 나오며 인제군에 부탁하고픈 말이 있었다. 그가 태여 난 것을 기리며 인제군에서 문학관을 세우고, 각종 행사를 하며 관광객을 유치하는 것은 좋으나, 왜 그가 아직도 망우리 공동묘지에 있어야 하나 하는 생각이 든다. 아무도 찾지 않는 그곳에서 쓸쓸하게 누워있는 그를, 고향인 인제로 모셔와 문학관이 있는 이 넓은 뜰에 안치하면 어떨까 하는 생각이다. 그 영혼이 귀향하여 안식할 수 있기를 바라는 마음이다.

그는 「인제」라는 시에서 다음과 같은 아픔을 쓰기도 했다.

봄이면 진달래가 피였고/ 설악산 눈이 녹으면/ 천렵 가던 시절도/ 이젠 추억// 그곳은/ 전란으로 폐허가 된 도읍/ 인간의 이름이 남지 않은 토지/ 하늘에 구름도 없고/ 나는 삭풍 속에서 울었다/ 어느 곳에 태어났으며/ 우리 조상들에게 무슨 죄가 있던가// 나의 가난한 고장/ 인제/ 봄이여/ 빨리 오거라

우리 일행은 문학관을 나와 솔향기와 맑은 공기를 마시며 시집박물관으로 향하고 있으나, 그때 망우리에 있는 박인환 시인의 낙엽 쌓인 묘지가 나의 눈앞에 어른거리고 있었다.

(2018. 6. 2.)

대향(大鄕)의 아픔

초하(初夏)의 빗줄기가 바람과 함께 세차게 쏟아 붓고 있다.

덕수궁 뜨락에 있는 나뭇잎들이 축축 늘어질 뿐만 아니라 잎들이 찢어져 빗물과 함께 떨어지고 있다.

이중섭 화가(1916-1956) 백년의 신화라는 전시회를 관람하기 위하여 세친구와 함께 덕수궁을 찾았다. 개관 첫날 많은 사람들이 관람했다는 신문 기사를 읽었으나 오늘은 비가 와서인지 여유 있게 관람할 수 있어 택일을 잘 한 것 같다.

제1, 제2, 제3, 제4관으로 전시실은 나누워져 있다.

그의 대표작 황소는 붉게 칠한 바탕에 고개를 들어 울부짖는 소의 모습을 그렸고 1954년경에 그린 흰 소의 표정은 그와 달랐다.

화가 이중섭

싸우는 소의 모습을 볼 때는 대향(大鄕) 그 자신이 암울했던 환경과 싸우는 모습이 떠올랐고, 동시에 그 자신이 자신과의 치열한 내적 싸움을 하고 있는 모습도 다가왔다.

그의 작품으로 '길 떠나는 가족', '가족사랑', '어린이와 물고기와 게', '물고기와 노는 세 아이'에서는 그가 가족과 함께 서귀포에서 11개월 동안 행복했던 시절과 부인, 이남덕(본명 야마모토 마사코)과 두 아들이 생활고로 인하여 1952년 일본으로 떠나야만 했던 이별의 아픔이 그려졌다. 1층 제1전시실에는 한국전쟁 당시에 담뱃갑을 모아 은지화를 제작한 작품들이 있었다. 궁핍한 생활에도 그는 종군화가로서 작품을 그려나갔다.

그는 평안남도 평원의 부유한 농가에서 유복자로 태어났다. 성장은 평양에서 했다. 오산 고등보통학교에 들어가 당시 미술교사였던 임용련의 지도로 화가의 꿈을 키웠다. 그 후 아고리는 일본 도쿄 데이코구 미술학교에 입학했다가 동경 분카 학원으로 옮겨 졸업하고 1945년 평원으로 돌아왔다. 분카 학원에서 공부할 때에 그림공부 후배인 야마모토 마사코를 만났다. 마사코는 이중섭을 사랑하여 프랑스 유학도 접었으나 그녀와 그의 신분에는 큰 차이가 있었다. 그녀는 일본 제1의 재벌 미쓰이 물산의 자회사인 일본 창고 주식회사 사장의 딸이었다. 마사코의 가족은 결혼을 반대하였으나 그녀는 1945년 5월 원산에서 중섭과 결혼하였다.

그는 아내 마사코에게 이남덕이라는 한국명을 붙여 주었다. 이들의 만남은 행복과 불행의 쌍곡선을 그으며 마사코는 한국에 온지 7년 7개월만인 1952년 12월 마침내 두 아들을 데리고 일본 친정으로 돌아갔다. 이로 인하여 대향(大鄕)은 경제적인 곤경과 함께 가족에 대한 절절한 그리움을 안고 외롭게 살아야 했다. 이는 그가 정신분열증과 거식증으로 인하여 죽음에 이르게 하는 외길이었다.

39세의 젊은 나이에 쓸쓸히 홀로 죽음을 맞이하여 망우리 공동묘지에 묻힌 대향, 아고리를 생각하며 나의 가슴이 저리다.

관람을 마치고 나오도록 비는 계속 쏟아져 이중섭의 비극적 삶을 하늘도 슬퍼하는 듯 했다. (2016. 6. 15.)

*대향(大鄕)은 이중섭의 어머니가 붙여준 號(호)이다. 아고리는 이중섭의 별칭이다

낙원을 그린 화가

6월부터 시작된 장맛비는 멈출 줄을 모르고 쏟아 붓는다.

장대비가 조금 멈춘 듯하여 서둘러 발걸음을 옮겼다. 그러나 몇 발자국을 옮기기도 전에 비는 다시 내리기 시작하였다.

서울시립미술관에서 6월 14일부터 불란서 화가인 고갱의 작품 전시회가 열리고 있다. 팸플릿에는 '낙원을 그린 화가 고갱 그리고 이후'로 적혀 있다.

1848년 6월 7일 프랑스에서 태어나 1903년 5월 8일 54세의 나이로 서거하였다. 그는 1873년 25세에 파리 루터교 교회에서 덴마크 출신으로 2살 어린 메테기르와 결혼하여 다섯 명의 자녀를 두었다. 1849년 아버지의 사업실패로 온 가족이 페루로 가는 도중 아버지가 사망하고 말았다. 그 후 그는 경제적이 어려움을 당하게 되었다. 그는 파리에서 주식중개인의 직업을 가지고 취미로 그림을 그리다가 1880년 '제5회 인상주의 전'에 참가하면서 본격적인 화가로 활동하기 시작하였다.

"문명은 당신을 메스껍게 만든다."라고 할 정도로 산업문명의 발달을 받아들이지 못하였다. 결국 그는 타히티의 원시적인 생활과 이국적인 매력에 빠져 왕성한 작품 활동을 하였으나 불행한 말년을 맞이하였다.

1891년 타이티로 첫 여행을 떠나면서 '에코드 파리'와의 인터뷰에서 고갱은 다음과 같이 말하였다.

"나는 고요함을 찾아 그리고 문명의 영향으로부터 벗어나기 위해 떠난다.

나는 단순한 예술을 하고 싶다. 이를 위해 문명의 손길이 닿지 않은 자연 속으로 들어가 원주민들을 만나고 원주민들의 삶을 살아야 한다. 그리고 원시 예술을 통해 마치 어린아이들처럼 나의 생각을 오로지 순수한 것과 진실 된 것만으로 채워야 한다."

1891년부터 1903년까지를 그의 폴리네시아 시기라고 한다. 이시기중 대표작으로 1897년부터 1898년 사이에 완성한 작품, 〈Where Do We Come, What Are We, Where Are We Going〉(우리는 어디서 왔는가, 우리는 무엇인가, 우리는 어디로 가는가)은 그의 예술의 인생관, 철학관을 엿볼 수 있다. 이 작품은 고갱 예술의 기념비적 대작으로 국내에서 처음으로 소개된 것이다. 폭 4미터에 달하는 벽화양식의 이 걸작품은 고갱의 작품 중 가장 큰 작품이다. 이 작품은 1888년에 그린 〈설교 후의 환상〉 1889년에 그린 〈황색 그리스도〉와 함께 고갱의 3대 걸작으로 불린다. 고갱은 잃어버린 낙원을 찾아 타히티로 들어갔으나 삶의 고통과 고난은 그를 놓지 않았다. 이는 그를 오히려 인간의 내면을 다루는 예술로 승화시켰다. 1897년 12월초 심장병증세로 입원하였을 때에 작품 〈우리는 어디서 왔는가, 우리는 무엇인가, 우리는 어디로 가는가〉를 그리기 시작하였다.

그의 작품에서는 천재적 재능과 감각을 만날 수 있다. 그는 인상주의에서 시작하였으나 상징주의와 종합주의로 흘러갔다.

낙원을 그린 고갱이라고 하였으나 그의 고뇌는 〈황색 그리스도와 자화상〉 및 〈설교 후의 환상에서 보여주는 천사와 씨름하는 야곱〉에서 찾을 수 있다. 즉 낙원을 찾아 타히티를 찾았으나 원시 속에서 문명의 이기는 보지 않았으나 인간의 고뇌는 그 어느 곳에도 숨어 있음을 알았을 것이다. 즉 잃어버린 낙원을 찾아서 간 것이 아닌가 한다.

빈센트 고흐는 고갱을 다음과 같이 말했다.

"Gauguin has come from a farway, and will go on far away."

해석하면 고갱은 멀리서 온 사람이고 또 멀리 갈 사람이다.

과거에도 현재에도 인간은 낙원을 찾아 지구상을 떠돈다. 그러나 인간이 발견한 낙원이 있는가. 낙원이란 내 속에서 찾아야 되지 않을까. 고갱의 말년이 비참했던 것도 그 이유가 되지 않나 생각된다. (2013.)

두타연(頭陀淵)

가을의 높은 하늘을 올려다보며 두타연은 금강산에서 흘러오는 물을 담고 있다.

휴전 이후 50여 년간 민간인 출입이 통제되었던 곳. 자연은 스스로를 보호하며 아름다움을 간직하여 왔다. 이곳은 금강산으로 가는 길목이다. 또한 우리나라 최대의 열목어 서식지이기도 하다.

일천년 전 두타사라는 절이 있었다고 해서 두타라는 이름이 붙여졌고 연은 계곡물이 그 절 앞에서 모여 못을 이루었기 때문에 붙여졌을 것으로 추측된다.

두타연 전 지역은 지뢰지대이므로 지정이외의 구역은 절대 출입금지이다.

두타연 앞에서

두타연을 보려면 방산면 이목정안내소 또는 동면 비득안내소에서 출입신청서, 서약서를 작성한 후 신분증과 함께 제출 후 태그(위치추적 목걸이)를 받은 후 도보 또는 자전거로 출입이 가능하다.

취사행위는 물론 자연훼손, 어로행위, 임산물 채취 등은 절대 금지되어 있다. 이곳의 천연기념물 제217호인 산양이 금세 모습을 보일 것 같다.

하늘을 가린 수목들이 내뿜는 숨결이 나의 폐를 청결케 하며 뇌를 상쾌하게 한다. 계곡을 따라 흐르는 물소리는 산새들의 노래소리와 함께 교향악으로 울려 퍼진다.

한국전쟁(6·25 北이 南侵하여 일어난 전쟁)으로 인하여 한반도는 아직도 반 토막 된 아픈 허리를 휘어잡고 고통 속에 신음하고 있다.

천년 전에 있었던 두타사의 부처님은 어디에서 신음하고 계신지요. 전쟁의 포화 속에서 어떻게 지내셨나요. 지뢰를 피해 두타사가 있었던 절터를 밟는 오늘의 불자들을 만나지 않으시렵니까? 이 땅의 아픔을 보시고 자비를 베풀어 주시기를 기원합니다.

아니, 당신이 못하는 것을 전능하신 하나님께 부탁드립니다. 여기 우리의 기도가 있사오니 들으시고 응답하여 주소서!

한반도의 백성들을 불쌍히 여기시고 새들도 오고 가는 백두산과 한라산을 우리도 오가게 하소서!

폭포로 떨어져 두타연의 속울음이 되는 북쪽 사람들의 시퍼런 멍이 푸른 하늘을 껴안아 품고 있다. 남북 통일되는 그날에 두타연은 가슴 속 응어리를 터트려 분수처럼 물줄기를 내어 뿜으리라. 두타연에 나의 소원을 풀어 놓고 다시 계곡을 올랐다.

(2017. 10. 26.)

지진이 일어난 경주에서

따듯한 햇살을 받으며 경주로 향한다.

경주는 지난주 발생한 5.8 지진으로 인하여 여진이 계속되고 있다는 보도가 연일 방송 매체를 통하여 보도되고 있다.

남편은 경주에서 서울로 올라 와야지, 서울에서 경주로 가느냐며 걱정스런 눈빛으로 지하철역까지 태워다 주었다.

신경주에서 숙소인 현대호텔에 짐을 풀고 옷을 바꿔 입은 후 경주화백컨벤션센터로 갔다. '제2차 세계한글작가대회'가 열리는 장소이다. 국제PEN한국본부에서 사무총장과 직원들이 나와 있는 컨벤션센터 앞에는 '제2차 세계한글작가대회'라는 큰 현수막이 걸려있다.

2016. 제2회 세계한글작가대회

개막식이 열리는 3층 홀에는 벌써 많은 사람들이 도착하여 서로 인사를 나누고 있었다. 홀 입구에서 등록을 마치고 명찰을 받아 목에 걸고 대회장 안으로 들어갔다. 작년 제1차 대회 때 보던 해외 문인들의 모습이 여기저기서 보였다. 초청된 인사들과 외국인들이 앞자리를 차지하고 있다. 나는 중간쯤에 서울에서 같이 내려온 문인들과 자리를 같이 했다.

오후 6시 대회식이 시작 되었다. 국제PEN한국본부 이상문 이

사장의 대회사에 이어 최양식 경주시장과 문학평론가인 유종호 조직위원장의 환영사가 있었다. 그 다음 조윤선 문화체육관광부 장관과 김관용 경상북도 도지사의 축사가 이어졌다. 축시로 신경림 시인과 유안진 시인의 자작시가 낭송되었다. 7시부터 이길원 시인과 문효치 시인의 건배사로 만찬이 시작 되었고, 식사 중 무대에서는 뮤지컬 갈라 콘서트가 백석대학교 강신주 교수 등 17명의 출연으로 '미녀와 야수', '오페라의 유령', '이순신', '레미제라블' 등이 공연되었다. 밤 9시가 넘어서야 참석한 작가들은 현대호텔로 돌아왔다.

어제가 9월 20일(화)이었고 오늘 두 번째 날로 21일(수)이다. 화백컨벤션센터 3층에서 〈미래를 여는 꿈, 언어와 문학〉의 특별 강연이 동시통역으로 이뤄 졌다. 김홍신 작가의 사회로 신달자 시인, 아나톨리 김 작가(러시아), 예자오옌 작가(중국), 노마 히데키 언어학자(일본), 곽효환 시인이 발표자로 나왔다.

12시 중식후로는 〈세계 한글문학의 오늘과 내일〉이라는 주제 발표가 있었고, 석식 후 7시부터 시 낭송과 4중창 가곡 공연이 한국문인협회 경주지부 주관으로 진행되었다. 22일(목)에는 〈한국문학의 새로운 미래를 위하여〉, 〈모국어의 지역성과 세계성〉의 주제 발표가 있었다. 서울대 명예교수인 이현복 교수, 아나톨리 김, 예자오옌, 노마 히데키 교수의 발표가 동시통역으로 진행되었다. 노마 히데키 교수는 한글연구학자로 한국어에 능통하여 우리말로 발표하였다.

저녁 7시부터 경주예술의 전당에서 경주시민과 함께하는 한글문학축제가 성대하게 개최되었다. 축제는 국제PEN한국본부 이사장의 '경주세계한글작가대회 선언문'과 함께 폐회사를 끝으로 9시 30분경 공식적인 행사를 끝냈다.

미국 뉴욕에서 온 교포 문인은 경주에서 지진이 일어났다는 뉴스 때문에 취소했던 일정을 다시 부활시켜서 왔다고 했다. 지진 때문에 참석을 취소했다는 말을 듣기 싫어서 몸이 불편하여 취소했다가 있는 힘을 다하여 여기 왔다고 했다. 그녀의 이야기 중에 친구가 큰집에 연구소를 가지고 있는데 곰이 밤에 나타나 정원수를 부러트려 어느 날 한글로 '곰아! 나무를 사랑해야지 꺾지 말거라'라는 푯말을 걸었더니 그다음 날부터 곰이 나무를 부러트리지 않았다는 이야기를 했다. 이 말을 들은 박덕규 단국대 교수는 한글의 위대성과 놀라운 힘을 즉석에서 시로 발표하고 문자화하여 그 여류 시인에게 선물하였다.

23일(금)에는 현대호텔에서 모든 짐을 뺀 후 경주 문학역사기행을 하였다.

신라 26대 진평 왕릉, 경주교동최씨 고택과 향교, 경주박물관을 둘러보았다. 진평왕은 선덕여왕의 아버지로 54년간 신라를 통치하였으나 자신의 능을 만드는데 백성을 힘들게 하지 말라는 유언으로 인하여 왕의 능에 있는 그 흔한 석상도 없이 소박하다. 부자 최씨 고택을 보며 그 옛날에 노블리즈(Noblesse) 오블리주(Oblige)를 실천한 사람으로 후손에게도 진사 이상의 벼슬은 하지 말라고 했다. 12대손까지 이 고택과 농토를 지켜 오다가 모든 것을 영남재단에 내어놓고 지금은 후손이 손을 뗀 상태다.

경주는 신라의 찬란했던 역사를 간직함과 동시에 인간이 사람답게 살아가는 길을 남겨주었다.

또한 이번 세계한글작가대회에서는 한글이 과학적이며 IT에 가장 적합한 글자라는 놀라운 사실이 다시 각인되었으나, 외국인을 위한 한국어와 한국문학에 대한 교육에는 여러 문제점이 있음이 지적 되었다.

모든 행사가 마무리 될 때까지 지진은 우리의 머릿속에서 멀리 사라져 있었고, 세계 각국에서 경주로 달려온 펜 작가들에게 경주는 드높은 푸른 하늘과 누렇게 익어가는 벼이삭의 풍요로움을 가슴 깊이 안겨 주었다.

(2016. 9. 23.)

미당의 흔적을 찾아서

화창한 서울의 아침이다. 어제 내린 비로 인하여 미세먼지도 말끔히 씻겨 내렸다. 이른 아침인지라 시내 한복판이지만 그리 혼잡하지 않다.

대기하고 있는 버스에 올랐을 때는 벌써 많은 분들이 좌석을 차지하고 있었다. 출발 전에 인원을 파악한 총무가 어느 회원에게 전화를 건다. 아마 오기로 한분이 아직 도착하지 않은 모양이다. 버스에는 미당 시맥회 회원들이 타고 있었으며, 버스는 미당이 태어나고 묻힌 전북 고창을 향하여 달렸다.

선운사에 도착하였을 때는 정오가 넘었다. 선운사 근처 식당에서 점심을 먹은 후 회원들은 삼삼오오 경내를 돌아보기도 하고,

계곡의 물이 흐르고 연녹색 잎들이 터널을 이룬 산책로에서 삼림욕을 즐기기도 하였다.

1시 30분경 우리는 다시 버스에 올라 고창군 선운면에 있는 질마제를 넘어 미당의 묘소에 도착하였다. 부인과 함께 묻힌 묘에는 갈대를 닮은 삐삐가 줄기에 하얀 빗살 구름을 닮은 듯 바람에 흩날리며 오후의 햇살에 더욱 반짝이고 있었다. 마치 미당 선생의 노년에 머리카락처럼. 준비하여 간 제물을 제단에 올려놓고 앞에 돗자리를 깐 후 유교의 제례에 따라 예를 올린 후 뜨거운 태양 빛을 받으며 묘소를 내려왔다.

미당의 제자가 미당을 위하여 묘소 주위에 땅을 사서 국화를 심었다고 하는데 묘소로 올라가기 전부터 시작된 국화는 묘소에 이르기까지 넓은 밭을 다 메우고 있었다. 몇몇 부녀자들이 국화밭의 잡초를 뽑고 있었다.

미당의 시 「국화 옆에서」의 시비가 국화 밭에 세워져 있다.

한 송이의 국화꽃을 피우기 위해/ 봄부터 소쩍새는/ 그렇게 울었나 보다.// 한 송이의 국화꽃을 피우기 위해/ 천둥은 먹구름 속에서/ 또 그렇게 울었나 보다.// 그립고 아쉬움에 가슴 조이던/ 머언 먼 젊음의 뒤안길에서/ 인제는 돌아와 거울 앞에 선/ 내 누님같이 생긴 꽃이여.// 노오란 네 꽃잎이 피려고/ 간밤엔 무서리가 저리 내리고/ 내게는 잠도 오지 않았나 보다.

아주 짧은 길이의 미당교를 넘어서 그의 생가로 들어갔다. 담이 없는 그의 생가 입구에는 노란 난초가 피어서 국화를 대신하고 있었다. 초가로 두 동이 있었고 뒤안길에 또 한 채의 집이 있었다. 앞에 있는 한 채의 방문 입구에는 '유향제(有鄕齊)'라 명명(命名)했고, 뒷채에는 '정하우(亭下又)'라고 했다.

정하우 앞에 웬 노인이 개량한복을 입고 지팡이를 짚고 의자에 홀로 앉아 계신다. 나는 그에게로 다가갔다. 인사를 하고 여기에 사시냐고 물었더니 그렇다고 하시며 "서정주는 내 형님이고 난 그의 동생입니다. 난 서정태입니다."라고 하신다.

그 말을 듣고 보니 미당과 많이 닮으셨다. 자신과 형님은 8년 차라며 자신은 금년 92세란다. 형님은 사셨으면 금년이 100세라고 하신다. 나는 몇몇 문인을 불러 그분과 사진을 찍고 나서 "강건하시고 오래 오래 사십시오."하며 그 자리를 떠났다.

흙담집 앞에는 자주색이 선명한 작약이 흐드러지게 피어있다. 사람들의 발걸음도 무시하고 나비들이 꽃 위를 팔랑거리며 날아든다.

미당 문학관은 생가에서 가까운 곳에 있었다. 폐교된 학교를 개조하여 만들었다. 제1전시실, 제2, 제3, 그리고 북 카페로 공간은 분리되어 있다. 제1전시실은 미당의 삶과 인간적인 모습을 느낄 수 있는 공간이며 미당에 대한 영성을 관람할 수 있는 세미나실이 있다. 제2전시실은 계단에서 옥상까지 연결하여 미당의 친필과 인생의 여정을 담았다. 제3전시실에는 미당의 대표시를 부착한

Poem Gate를 설치하고 작품을 벽면에 전시하여 그의 시 세계를 감상할 수 있다. Poem Gate 끝자락에는 그의 사진과 영상을 감상할 수 있게 하였으며 생전에 쓰던 가구를 전시하였다.

귀경하는 차 안에서 시인들은 미당의 시를 낭송하기도 하고 자신들의 작품을 외우기도 하였다. 문인들 중에는 미당 선생님의 추천을 받기 위하여 10년 12년을 기다렸던 에피소드를 이야기하여 폭소를 터트렸다.

생전에 댁으로 원고를 가지고 제자들이 가면 "거기 두게."하면 끝이란다. 제자들은 아무 말도 없이 실망하며 되돌아 왔단다. 어느 분은 두 번을 그렇게 당하고서 말없이 돌아오는 길에 구멍가게에 들려서 막걸리를 세병이나 마시고 휘청거리며 귀가했다고 했다. L 시인은 수없이 원고를 갔다 드렸는데 그 원고를 도자기병에 넣으며 "두고 가게"했단다.

어느 날 교직에 취업을 했다고 하니까 축하한다면서 그제야 추천을 해 주었다고 한다. 3년 뒤에 그 시인은 결혼을 한다며 남편될 사람을 데리고 인사차 가서 뵈었더니, 그때에 미당 선생은 두 번째 추천을 해 주었다고 한다. 그래서 자신은 사건별로 추천을 받았다고 해서 폭소를 터트렸다. 막걸리로 답답함을 달랬던 시인은 13년의 긴 세월을 보내고 겨우 3차 추천 완료를 받았다고 한다. 마지막은 "선생님이 안 해 주시면 다른 분 한데(박목월 선생님)받겠습니다."라고 했더니 같은 대학의 다른 교수의 이름으로 추천완

료를 해 주었다고 했다.

작품이 될 때까지 기다려 제자들을 시인으로 추천한 미당을 보면서 요즈음의 문단을 바라본다. 미당 같은 스승이나 그 제자들 같은 분들이 있을까 하고.

서울에 다 와서 마지막으로 낭송한 미당의 시가 우리를 위로하였다.

괜, 찬, 타, …….／ 괜, 찬, 타, ……／ 괜, 찬, 타, ……／ 괜, 찬, 타, …… ／ 수부룩이 내려오는 눈발 속에서는／ 까투리 메추래기 새끼들도 깃들이어 오는 소리, ……／ 괜찮타, ……／ 괜찮타, …… ／ 괜찮타, ……／ 괜찮타, ……／ 끊임없이 내리는 눈발 속에서는／ 산도 산도 청산도 안기어 드는 소리, …….

－ 미당 서정주의 시 「내리는 눈발 속에서」

아침 햇살을 받으며 출발했던 우리는 어둠 속에 안긴 서울로 되돌아오면서 "괜찬타"를 연발하였다.

(영호남 수필문학회 『소리』 3호 초대수필 2014. 5. 29.)

가을을 품은 수덕사

이른 아침 햇살이 선잠 깬 나뭇잎에 입맞춤하며 미소를 짓는다.

새벽길을 달려온 낯익은 사람들끼리 반가운 인사를 나누며 버스 안에 자리를 채우고 있다.

만석이 되자 버스는 서울 시내를 나와 고속도로로 진입하여 거침없이 달렸다. 들판은 여기저기 볏 짚단이 보이는 곳도 있고, 아직 거둬들이지 않은 벼 이삭은 고개를 숙인 채 이 계절을 명상하고 있다.

서해안 고속도로를 거처 홍성나들목을 지나 홍성군 결성면에 있는 한용운 생가와 갈산면에 있는 백야 김좌진 장군의 생가와 기념관을 방문하고 성삼문이 태어난 외가를 돌아보고, 홍북면에 있는 그의 유허비(옛 선현의 자취가 있는 곳을 후세에 전하고 이를 계기로 그를 추모하기 위해 세워 두는 비)를 찾아보았다. 예산군 덕산면 수덕골에 도착하였을 때는 오후 1시 30분이 넘어가고 있었다. 그곳 한정식 음식점에서 식사를 한 후 수덕사로 발길을 옮겼다. 수덕사로 들어서자 붉은 단풍이 잎을 살랑이며 인사를 한다. 대웅전에 앉아 있는 부처도 이 가을을 만끽하는 듯 엷은 미소가 배여 나오고 있다.

수덕사에는 다음과 같은 전설이 전해지고 있다.

홍주 고을에 수덕이라는 도령이 살고 있었다. 어느 날 노루 사냥을 하는 도중 멀리서 덕숭낭자를 보고 좋아하게 되었다. 수덕 도령이 덕숭낭자를 찾아가 혼인하자고 졸라대자 절을 지어 주면 혼인 하겠다고 약속을 했다. 낭자는 수덕에게 한 여인을 탐하지 말고, 오직 부처님만을 생각하며 절을 지으라고 한다. 그는 열심히 절을 지었으나 완성될 무렵 불이 나서 다 타버렸다. 낭자는 다시 절을 건축하라고 한다. 수덕은 또 다시 절을 건축하였다. 허나 이번에도 절은 타 버렸다. 그리하여 세 번 만에 절을 완성하고 신방을 꾸며 덕숭낭자를 맞이하게 되었다. 그녀를 끌어안으려는 순간 그녀는 사라지고 수덕의 손에는 버선 한 짝이 쥐어져 있었고, 수덕 도련님 앞에 큰 바위와 그 바위 틈새에 낭자의 버선 같은 하얀 꽃이 보였다. 덕숭낭자는 관음의 화신이었으며 이 꽃은 관음의 버선이었다고 한다. 그 후에 절 이름을 수덕이라 불렀고, 수덕사가 위치한 뒷산은 덕숭산으로 이름이 지어졌다고 한다.

백제시대 사찰인 수덕사의 창건에 관한 정확한 문헌 기록은 현재 남아있지 않으나, 학계에서는 백제 위덕왕(557~597)시 창건된 것으로 추정되고 있다.

대웅전 앞에는 수덕사 금강보탑이 오후 햇볕을 안고 온기를 관광객들에게 뿜어 주고 있다. 이 탑 내부에는 1988년 덕숭 총림 방장 원담 대선사께서 스리랑카 국을 예방했을 때 스리랑카 종정 스님으로부터 한·스 간의 우의를 견고히 하는 뜻으로 부처님 진신사리 3과를 증정하므로 10년간 친견법회를 거처 본 탑에 봉인하게 되었으며, 불상 1,000불과 탑 모양을 동(銅)으로 주조하여 999탑을 소장하기에 이르렀으니 천불천탑(千佛千塔)이라고 부르기도 한다.

이탑은 성역화 중창불사 도중 전탑좌대가 현 위치에서 발견되어 전문가의 고증을 거쳐 탑을 세우고 금강보탑이라고 칭하였다.

나는 환희대에서 김일엽 스님을 만나고 싶었다. 그녀는 일본인, 오다 세이조와 사랑이 이루어지지 않자 귀국하여 1928년 그녀의 나이 33세에 불가에 입문하고 수덕사에서 온 생을 보내고 마쳤다. '수덕사의 여승'이란 노래의 가사가 떠오른다.

인적 없는 수덕사에 밤은 깊은데/ 흐느끼는 여승의 외로운 그림자/ 속세에 두고 온 님 잊을 길 없어/ 법당에 촛불 켜고 홀로 울적에/ 아 아~ 수덕사의 쇠북이 운다/

그녀가 머물렀던 환희대에는 그녀의 허상만이 먼지를 헤집으며 너울거리고 있다. 그때 수덕사의 북소리가 애절하게 환희대를 감싸며 경내로 퍼져 나가고 있었다.

가을을 품은 수덕사는 수덕도련님과 덕숭낭자의 이루지 못한 사랑과 김일엽 스님의 애달픈 삶을 품은 채 낙엽으로 뒤덮여 가고 있다. (2016. 10. 27.)

태백에 묻힌 외로움

섭씨 35도를 넘나드는 찜통더위에 몸은 땀을 배출하기에 바쁘다. 수건으로 땀을 닦아보지만 얼굴과 몸은 연신 땀으로 흠뻑 젖는다.

태백 가곡온천 병풍바위 숲길 등산로에 시비를 세워서 개막식을 한다는 삼척시장의 초대장을 받고 14일 새벽 6시에 서울을 떠났다. 영동고속도로가 새로 또 개통되어 남원주, 제천의 안내판이 안 보여 길을 잘못 들어서 진부령과 삼척을 거처 태백으로 들어섰다. 개막식이 11시에 개최된다고 하였는데 나의 네비게이션은 11시 35분 도착 예정으로 표시되었다. 나는 평창 휴게소에서 진행을 맡은 분에게 시간에 맞춰 가지 못할 것 같으니 기다리지 말고 진행하여 달라고 하였다.

삼척에서 태백을 향하는 길도 멀었다. 가곡면에 도착하여서도 행사장을 찾기가 어려워 두 번이나 담당자와 통화를 한 후 행사장에 가는 것은 포기하였다. 계곡 옆에 있는 소나무 앞에 차를 세우고 정자에 서서 소나무 숲에서 불어오는 바람을 맞이하였으나 그도 시원하지는 않았다. 태백산맥 줄기에 있는 등산로에 시비를 설치한다고 한 것은 2년 전이었다. 나는 그때 시를 보내고 오늘은 시비가 세워져 있는 모습을 직접 보려고 서울을 떠난 것이다. 인터넷으로 확인을 해보니 3시간 25분 정도 걸린다고 하니까 별문제가 없으리라 생각했다. 허나 내가 거기에 도착한 시간은 정오가 가까웠다. 마침 내가 차를 세운 곳은 행사가 끝나고 참석한 시인들이 점심을 먹기로 한 장소였다.

숲에서 불어오는 바람도 후덥지근하여 나는 음식점에서 기다리기로 하고 안으로 들어갔다. 12시 30분경 시인들은 붉어진 얼굴에 땀범벅이 되어 음식점 안으로 들어섰다.

뜻밖에 내가 알고 있는 몇몇 시인들도 나를 알아보고 인사를 하였다. 그중 한 분이 나의 시비를 스마트폰에 담아 와서 나에게 보여 주었다. 그들은 서울에서 새벽 4시에 출발하여 버스를 타고 태백까지 왔다고 한다.

이 일을 삼척시에 부탁하여 진행하여 온 L 시인이 식사 전에 감사의 인사를 하였다. 뒤이어 시장을 대신하여 나온 산림녹지과 과장이 삼척시장의 인사말을 대독 하였다.

삼척시를 빛내 주신 여기 모이신 시인 분들께 감사하다는 말이였다.

식사 후 L 시인은 자신의 집으로 일행을 초대하였다. 그는 6대째 이곳에 살고 있다고 하였다. 산자락에 자리한 집이 옛날 집으로는 꽤 큰 집이다. 세 채로 되어 있었고 안채에 달린 부엌도 꽤 컸다. 툇마루에 준비된 수박쟁반이 놓여 있어서 한 쪽씩 들고 열기를 달랬다. L 시인이 직접 담갔다는 앵두주도 한 잔씩 받아서 H 교수의 건배사로 건배를 하였다. 헌데 이집 안주인은 보이지 않았고, 늙으신 노모만이 유모차에 몸을 기대고 손님들에게 많이 드시라고 권했다.

L 시인은 서울에서 살다가 아버님이 돌아가신 후 곧 바로 고향으로 돌아와 어머니를 모시고 아버님이 하시던 농사일을 하고 있다. 벌써 10년이 다 되어 간다.

서울을 비롯하여 각처에서 오신 분들이 오후 2시가 넘자 서둘러 귀갓길에 올랐다. 나도 친분이 있는 여성 시인 세 분을 태우고 차에 시동을 걸었다.

L 시인의 집에 수박을 먹은 접시와 쟁반이 여기저기 내동이처 있는 모습을 보며 저 설거지는 누가 하나 싶다. 부인은 보이지 않고 유모차 손잡이에 몸을 전적으로 의지한 노모와 L 시인만이 흙마당에서 다리를 건너는 우리를 향하여 손을 흔들었다.

귀경길에 중부고속도로로 들어서자마자 장대비가 쏟아져 비상

등을 켜고 최대한 속도를 줄여서 운전을 하였다. 빗줄기를 보며 L 시인의 삶을 생각하여 보았다.

L 시인의 외로움은 태백산맥을 휘감고 오늘 개막식을 한 시비 위에 서리서리 내려앉으리라. (2017. 7. 14.)

금강사에서

화창한 봄날의 햇살이 차창 밖에서 손짓하며 반긴다. 오랜만에 만난 수필작가들의 환한 미소가 이에 답하는 듯하다.

수필추천작가회 김학순 신임회장의 초청으로 임원진 20여 명이 서울을 출발하여 강릉시 사천면 진리에 있는 백조횟집에 도착한 시간은 정오를 지나서였다.

김 회장은 이미 도착하여 버스에서 내리는 우리를 반겼다. 식당에 들어서니 음식이 미리 준비되어 있었고 우리는 네 사람 씩 한 테이블에 앉아 자리를 채웠다.

횟집 주인은 배를 가지고 직접 바다로 나가 자신이 잡아오는 고기들을 횟감으로 내어 놓기 때문에 싱싱하다고 설명하여 주었다. 푸른 바다를 바라보며 회를 먹는 회원들의 모습이 정겹다.

바다 위로 갈매기 떼가 한가로이 노닐고 해변에 고기잡이배가 정박되어 있었다.

오늘 모임은 강릉에서 살고 있는 김 회장이 임원들에게 한턱내는 자리였다. 매운탕까지 끝낸 우리는 다시 버스를 타고 오대산 소금강산으로 향하였다. 그곳에서 40여 분 걸렸다.

소금강산은 강원도 강릉시 연곡면에 있다. 금강송이 전봇대처럼 쭉쭉 뻗어 있는 숲을 바라보며 기암괴석과 층암절벽에서 쏟아지는 폭포와 물이 고여 있는 소(沼)등이 마치 산수화를 보는 듯했다.

본래의 이름은 청학산 이었으나 율곡 이이가 금강산을 축소한 것 같다하여 소금강이라고 했다. 계곡을 끼고 산으로 오르는 등산로는 돌길임에도 발걸음이 가볍다. 아마도 청아(淸雅)하게 흐르는 물소리 때문이리라. 십자소와 연화담을 지나자 소금강 내에 유일한 사찰인 금강사가 보였다.

금강사는 신라시대 건립된 사찰로 관음사가 있던 절터라고도 하나 역사적인 정확성은 없고, 1964년 김진홍이란 거사가 중건하여 지금도 김진홍 거사의 사리탑과 법당, 종각, 요사체 등이 보존되어 있다. 조그만 쪽문을 통과하여 경내로 들어갔다. 좌측에는 분홍빛 겹 벚꽃이 흐드러지게 피였고, 우측으로는 파란 하늘 아래에 단풍나무가 붉은색 잎들을 불어오는 바람에 나풀거리고 있다.

나는 오늘 봄과 가을을 동시에 만끽하고 있다. 다가 올 가을을 생각하며 단풍나무 아래서 사진을 찍기로 했다. 지나는 동료에게 사진을 찍어 달라는 부탁을 하고 단풍나무 아래에서 포즈를 취했다. 푸른 하늘을 올려다보니 하얀 뭉게구름이 흩어지며 새로운 그림을 그리려 하고 있다. 다시 시선을 옮겨서 맞은편에서 바람에 흩날리고 있는 벚꽃 잎을 바라보며 카메라 앵글에 눈을 맞추었다.

이 계절을 지나 여름을 통과하지 않고 가을로 접어드는 기분이 상쾌하기까지 하다. 내가 제일 싫어하는 계절이 여름이다. 더위를 견디지 못하는 탓이리라. 가을에 살랑거리는 바람이 볼을 스칠 때, 감미로움과 온갖 색채로 세상을 물들이는 그 환상적인 모습에는 황홀경에 빠진다. 가을은 나를 포로로 잡아 이리저리 끌고 다니기 일 수이다.

올해는 봄이 가기도 전에 가을을 안겨준 금강사 앞뜰 단풍나무를 가슴 가득 안았다. 다가오는 가을에 다시 로맨틱한 시간을 가질 수 있기를 바라며 경내를 떠났다. (2017. 4. 26.)

힐빙으로 행복 찾기

한층 높아진 푸른 하늘에 흰 구름이 뭉실뭉실 흘러가는 모습에 나도 어디론가 가고픈 마음을 허공에 띄운다.

국제힐빙학회 회장 박헌렬 박사의 초청으로 9월 19일 추계학술대회에 참석하였다.

오후 1시 30분부터 대회는 개최되나 점심초대를 받아 12시에 회장과 부회장 등 임원들과 함께 담소를 나누며 식사를 마치고 바로 학술대회가 열리는 디큐브 아카데미로 갔다.

대회장은 이미 준비가 다 되어 있었고 나는 앞자리 중앙에 자리를 잡았다.

힐빙(Heal-being)에 대한 지식을 얻고자 하는 열망이 있어 앞자리를 택하였다.

박헌렬 박사의 개회사는 다음과 같다.

'오늘날 자연은 더욱 피폐해지고, 물질적 풍요를 구가하는 우리는 현대문명 질병에 시달리며 불만족은 증대되고 있다. 청정한 자연에서 유기농산물 섭취와 명상, 예술융합프로그램을 체험함으로써 물질적 가치보다는 건강한 심신을 유지하는 삶을 행복의 척도로 삼는 새로운 삶의 방식이 힐빙이다. 불행히도 우리나라 사람들의 우울증과 자살률은 OECD국가 중 1위이다. 우리 사회는 치유를 몹시 갈구하고 있다. 힐빙 체험을 통해 문명병에 걸려 신음하는 현대인들이 새로운 활력소를 얻어 건강을 회복하고 행복한 삶을 누리는 데에 조금이라도 기여하고자 '힐빙으로 행복 찾기'라는 주제로 학술발표와 토론을 합니다. 공사다망하신 가운데 학술대회에 참석하시어 자리를 빛내 주신 여러분께 감사 말씀드립니다.'

다음은 첫 번째 발표자로 한양대 작곡과 명예교수인 P 교수가 '음악, 메움으로 더욱 아름다워지다'라는 강의가 있었다. 미술작품이 형태가 있듯이 음악에도 형태가 있음을 그는 피력하였다. 음악을 들을 때에 음향의 〈형태〉를 함께 들으면 더 많이 즐길 수 있다고 했다. 또한 메움의 방법을 슈베르트 연가곡집 『아름다운 물방앗간 아가씨』 중에서 제8번 '아침인사', 브람스 '교향곡 제1번', 제4악장, 제1주제, 바흐 '마태수난곡', 제21번 중에서 코랄 '날 기억하옵시고 날 인도하소서', 쇼팽 연습곡(에튜드), Op. 10, No3(일명:

이별의 노래)등을 예로 들어서 설명하여 주었다.

P 교수의 설명을 들으면서 위의 곡들을 감상하니 훨씬 깊게 감동이 되었다. 놀라운 감상 이론이었다. 뒤이어 6차 산업을 선도하고 있는 하영농장 대표 K 씨가 고구마 재배와 이를 특산물로 제조 가공하여 유통하는 과정까지 알려 주었다. 학회 참석자들에게 시식할 고구마 말랭이도 가져와 시식을 할 수 있었다. 간식과 여행용 비상식량으로 좋을 것 같다. 그는 고구마 잎차를 개발하고 있는 중이다. 발표 3으로 장수시대 문화예술단 단장인 J씨의 '장수시대와 힐빙'이란 강의가 있었다. 해방된 이후의 세대가 장수시대를 열었고, 칠십 전후 세대가 시대 기수가 되어 고령화시대의 문제를 해결해야 선진국이 될 것이라고 했다. 장수의 필수조건은 일감과 건강이라며 건강을 잃어도 일감이 없어도 장수는 그림의 떡이라고 했다.

서양의 힘이 석유라면 우리나라는 맥반석이라고 했다. 그는 현재 맥반석으로 채소를 수경재배하고 있는데 그 맛이 일반 채소와 판이하다고 했다. 또한 십시일반(十匙一飯) 서로 돕고 사는 세상이 되어야 한다고 피력하였다.

발표 4로 전통 식생활에서 건강 찾기를 경북 상주에서 올라온 두레원 식품 대표 S씨가 우리가 익히 알고 있는 전통 음식인 청국장, 된장, 고추장, 장아찌류를 소개하며 각종 교육 체험도 소개하였다. 발표 5로 낙농 체험으로 힐빙하기를 고양 낙농 치즈 체험장을 운영하는 C 대표가 고양 낙농 치즈 테마 교육농장을 소개하며 직접 생산하는 임실치즈로 만든 피자를 나누워 주기도 했다.

마지막으로 박물관 머슴의 힐빙 전개라는 주제로 J 전 아프리카 대사의 삶이 소개되었다. 강원도 영월에 아프리카미술박물관을 2009년에 개관하여 관장으로 있는 그는 자신을 머슴으로 소개하였다. 직원이 4명 있으나 가급적 자신이 궂은일은 한다고 했다. 자신을 버리고 남을 대우하여야 하며, 나의 몸을 농촌에 집어넣어야 힐빙이 된다는 말도 했다. 그는 우리나라 초등생을 시골로 유학을 보내 시골체험을 시키면 좋을 것 같다고 했다. 자연과의 친밀한 삶을 통하여 자연이 주는 혜택을 몸으로 받으며, 미래에 대한 비전도 보게 될 것이라 했다. 또한 시골 생활의 멋과 재미에 대하여 다음과 같이 말했다.

"과거의 나를 내려놓으니 마음이 편해진다. 해 보지 않던 일을 하면서 새로운 일의 재미를 느낄 수 있다. 만나 보기 어려운 친구 친척을 만날 기회가 많아질 수 있다. 배움과 봉사의 기회를 많이 가질 수 있다. 죽을 때까지 할 일이 있는 사람이다."

'힐빙 체험으로 행복 찾기'란 주제답게 자연을 보호하며 훼손치 않는 농법으로 먹거리를 재배하면 이는 우리의 건강을 지킬 뿐 만 아니라 지구 온난화도 크게 줄일 수 있는 방법이라고 생각된다. 또한 우리 후손들에게 학원 하나 더 보내기 보다는 자연과 벗하며 농촌을 체험하게 하여 그들의 감성을 순수하게 지킬 수 있도록 하여야 할 것이다. 대학을 다니지 않은 양평 농부, L 씨의 다음 말이 가슴에 머물러 있다.

"버는 삶이 아니라 사는 삶이여야 합니다."

버는 삶은 지식을 얻는 삶이지만 사는 삶은 지혜를 얻는 삶이라며 농업은 지혜의 삶이라고 했다. 그는 오로지 땅에서 얻는 것만으로 한우를 먹이고 키운다고 했다.

지구가 건강해야 우리가 건강하고 생태계가 변화되지 않아야 우리의 먹거리도 안전하다. 강의를 들으면서 나를 뒤돌아보았다. 힐빙으로 건강한 심신을 지키고 살았나? 내 삶을 힐빙의 융합프로그램으로 이끌어 앞으로는 더욱 행복해질 모습을 그려 본다.

장수가 나라에 짐이 되지 않고 버팀목이 되며, 힐빙 체험에서 오는 행복으로 개인뿐만 아니라 사회와 나라가 밝아지는 시대가 도래하기를 기원하며, 학술대회장을 나오는데 슈베르트의 '아침인사'의 멜로디가 귓가에서 흐르고 있다. (2017. 9. 19.)

시(詩) 읽는 오후

찜통더위가 연일 계속되는 서울 도심의 거리는 사람들의 발길조차 뜸하다.

청계천의 맑은 물과 언뜻 불어오는 바람이 잠시나마 이마의 땀방울을 줄인다. 몇 몇 사람이 더위에 지쳤는지 흐르는 물에 발을 담그고 열을 식히고 앉아 있다.

H 시인의 '시 읽는 오후' 강의를 듣기 위하여 신세계 아카데미로 향하였다. 나의 발길에는 강의를 듣는 목적 외에 피서가 한 가지 더 끼여 있다.

백화점에 도착하자마자 14층에 있는 강의실로 향하였다. 강의 시작 20분 전인데 많은 방청객들이 벌써 자리를 차지하고 있었다. 빈자리 중 강사를 잘 볼 수 있는 자리를 골라 앉았다. 시간이 되자 H 시인은 검은 바지에 검은 무늬와 흰색 무늬가 배열되어 있는 남방을 걸치고 운동화 차림으로 나타났다.

그가 쓴 안경은 알이 없었다. 이는 그가 강의 끝에 알려 주어서 알았다.

그는 SNS 스타 시인 겸 가수로 소개되었고 MBC 무한도전 등 방송출연 다수에 그의 작품집으로는 『서울 시』, 『시 읽는 밤 시밤』 등이 저술되었다고 한다.

그의 시 중에 '조금만 속일게 조금은 속을게' (『중고거래』 시집 중에서), '지켜 준다더니 아껴준다더니' (『개인정보』 시집 중에서), '늘 고마운 당신인데 바보처럼 짜증내요.' (『알람』 시집 중에서)를 읽었다.

그는 나오자마자 칠판에 '시 팔이 사용법'이라 썼다. 그리곤 설명하였다.

그 의미는 "시 팔아먹고 살아요."란다. 또한 자신은 시벨 롬(si bel homme: 불어), 잘 생긴 남자라고 소개하였다. 그의 말에 청중석은 웃음바다가 되었다. 목차는 목을 발로 차는 것이라고. 그의 시집에서 작가의 말에는 말(horse)을 그려 넣었고, 기타 등등에는 악기 기타와 사람의 등을 두 개 그려 넣었다. 그는 미술을 전공하였으나 디자이너로 시인으로 방송인으로 살아가고 있다. 그러면서 하는 말이 카멜레온이 색을 주변에 맞춘다고 카멜레온이 아닙니까? 하는 반문을 하였다.

"여러분! 세상은 나에게 관심이 없어요. 우리 얘기 솔까말(솔직히 까놓고 말해)합시다. 인턴은 사람을 턴다는 건가? 그리운 건, 그대일까? 그때일까?

반을 채 우실건가요? 제가 왜요. 이어폰은 귀에 꽂고, 핸드폰은 손에. 그러면 아이폰은 눈에 꽂나요? 귀찮아하는 한 사람이 있습니다. 웃기는 사람 앞에서 귀찮으니 이따 웃을게 하더랍니다. 신라면은 신만 먹나 병신아!

소통은 의무가 아니에요. 때로는 불통이 최고의 소통이죠. 당연한 듯 말하지 마, 환상을 깼더니 나란 보물이 있더군요. 나는 시작 한 것이 아니고, 시작된 것 뿐 입니다."

한 시간 삼십분 간 계속된 그의 강의는 재치 넘치는 표현과 색다른 감각으로 방청객을 웃기며, 변화무쌍한 이 세대의 젊음을 확실히 나타내어 주었다. 그는 시각디자인을 전공한 사람으로, 시를 문학보다 일종의 디자인으로 인식하는 작가인 것 같다.

문화 홀을 나오면서 나비의 날개처럼 가벼워진 마음과 몸으로 발걸음을 옮겼다. 더위는 저만치 물러가 있는 듯하였다.

(2016. 8. 20.)

애기능 터

헐벗은 나뭇가지 위에 찬바람이 맴돌고 있어 가지는 이리저리 휘어지며 신음소리를 내고 있다. 남해에서는 봄소식을 알리고 있지만 내가 살고 있는 서울 성북구에는 봄 햇살만 오가며 이를 시샘하는 겨울바람이 몰아닥치곤 한다.

영하의 날씨가 계속되었으나 기온이 조금 올라간다는 기상청의 발표가 있어 오랜만에 동네에 있는 오동근린공원으로 발걸음을 옮겼다. 유일하게 흙을 밟을 수 있는 운동장이 있고 적당히 사색하며 걸을 수 있는 산길이 펼쳐져 있어 봄부터 가을까지는 운동 삼아 자주 이곳을 찾는다.

오늘도 운동장을 대여섯 바퀴 돌았으나 몸이 찌뿌둥하여 운동기구가 있는 곳으로 가서 이 기구 저 기구에서 몸을 푼 후 이 공원에 있는 산 정상 팔각정으로 발걸음을 옮겼다. 아침 늦은 시간인지라 사람은 없고 팔각정 옆에 놓여 있는 물두멍에서 산까치 한 마리가 목을 축이고 있었다. 까치가 날아간 후 물두멍을 보았더니 물이 얼어 있었다. 까치는 목을 축이려다 부리로 얼은 표면만 쪼다가 날아간 듯하다.

팔각정 앞에 애기능 터란 대리석 판이 보여서 앞으로 다가가 읽어 보았다.

이곳은 조선 후기의 왕, 고종의 장자였던 완왕이 어린 나이에 세상을 떠나자 그를 모신 자리란다. 12세에 조졸(早卒)하였다. 그래서 애기능 터라 불러졌다.

왕비였던 명성황후의 아들이 아닌 귀빈 이 씨의 아들이었지만, 첫째 아들이라 고종의 애정은 남달랐다. 물론 그에 대해 전해지는 이야기는 많지만 자세한 것은 알 길이 없다. 다른 계비의 질투로 죽었다는 설도 있다. 지금은 서오릉으로 이장되었고 이곳은 구민의 쉼터로 탈바꿈하였다.

팔각정 앞에는 너럭바위가 있어 산 정상까지 온 사람들이 넓은 바위 위에 앉아 조망권에 들어오는 용마산, 청량산, 관악산, 남산 타워까지 한눈에 바라볼 수가 있다. 이곳은 서울시 우수 조망 명소로 선정된 곳이기도 하다. 이 팔각정을 월곡정 이라고도 부르며 2층 한구석에 책장이 있어 탁 트인 공간에서 독서를 마음껏 즐길 수 있다.

월곡동은 옛날부터 소나무와 밤나무가 우거지고 풍경이 뛰어난 곳이었다. 오동근린공원은 월곡동과 장위동에 접하였다. 산의 둘레길을 따라 걷다보면 소나무와 상수리나무, 잣나무, 아카시아, 진달래, 철쭉 등이 빽빽이 들어차 있음을 본다. 허나 정상에 너럭바위 말고도 큰 바위들이 산 여기저기 흩어져 있어 돌산이라는 별명도 갖고 있는 듯하다.

아버지 고종의 가슴에 평생 남아 있던 큰아들, 완왕의 슬픈 역사가 묻혀 있는 애기능 터를 내려오며, 오늘날 우리 구민을 위하여 그 아기가 이곳에 묻혔었구나 하는 고마운 마음이 들었다.

(2016. 3. 10.)

4부

아버지의 가마솥

어버이날에

윤기가 흐르는 연두색과 진녹색의 잎들이 어우러진 숲은 5월을 예찬한 이양하 교수의 「신록예찬」을 생각나게 한다. 그는 어린애의 웃음같이 깨끗하고 명랑한 5월의 하늘. 나날이 푸르러가는 이 산 저산. 나날이 새로운 경이를 가져오는 이 언덕 저 언덕, 그리고 하늘을 달리고 녹음을 스쳐오는 맑고 향기로운 바람을 말했다.

눈부신 햇살을 받으며 살랑거리는 바람결에 따라 팔랑거리는 나뭇잎의 모습은 그대로 꽃이다. 이때쯤이면 나는 모든 것을 산에 빼앗기고 산다. 할 일이 있음에도 영혼과 마음이 연녹색 잎들 속에서 기쁨을 만끽하고 있으니 말이다.

그 기쁨의 출렁임 속에 한줄기 슬픔이 스며있음은 왜일까.

내가 결혼하여 첫아이를 낳고 교사 생활을 계속하고 있어서 친정엘 자주 갈 수 없었다. 바쁜 일상도 있었지만 아버지를 만나기 싫어서였다.

당시 아버지는 젊은 애인이 있었다. 어머니 친구 분이 이 사실을 알려 주어서 오빠와 나는 그 애인 집을 습격하여 난장판을 만들어 놓고 왔다. 그때 우리는 대학교 재학 중이었다. 그날 저녁 오빠와 나는 아버지한테 엄한 꾸중을 들었다. 그 이후 나는 아버지의 얼굴을 회피하였다.

아버지에게는 두 여동생이 있었다. 그분들은 우리 집에 자주 들려서 며칠씩 묵고는 했다. 어머니는 불평 없이 고모들을 극진히 대접하고 가실 때에는 여비를 꼭 챙겨 주셨다. 아버지는 사업을 하셨기 때문에 고모네들 보다는 우리 집이 풍요로운 편이였다.

아버지에게는 지병인 당뇨병과 고혈압이 있었다. 아버지가 사업가로서 활발한 활동을 하고 젊었을 때에는 그 애인이 뒷바라지를 잘 하였으나, 연세가 들고 쇠약하여 지시니까 그 여인의 관심 밖으로 몰리었다.

어느 해인가 추석날 전날인데 작은 고모님이 나에게 전화를 걸어왔다.

"너 아버지한테 너무 한 것 아니냐? 오빠가 너를 얼마나 자랑하며 사랑했는데…. 저렇게 편찮으신데 한 번도 찾아오지 않고."

그 전화를 받고 나는 너무했다 싶은 생각이 들었다. 추석날이면 서울에서는 송편과 함께 토란국을 꼭 준비한다. 아버지가 좋아하시는 토란국을 정성껏 끓여서 큰 주전자에 담았다. 토란국은 쇠고기 양지머리에 황태, 다시마와 데쳐낸 토란을 넉넉히 넣고 푹 끓인 후 대파와 마늘 간 것을 넣어 국간장으로 간을 맞췄다. 아버지가 좋아하시는 명란젓도 준비하여 송편과 함께 보자기에 쌓았다. 그것을 들고 가는 나의 눈에는 자꾸 뿌연 안개가 앞을 가로 막았다.

아버지가 계신 집에 도착하여 보니 그 여인은 없고 아버지가 누워 계신 발치에 상이 하나 놓여 있고 상보만 덮어 있었다. 왈칵 쏟아지는 눈물을 훔치고 아버지를 일으켰다.

"너 바쁜데 어떻게 왔어?" 하시며 나를 바라보시는 그 모습에서 옛날의 아버지는 찾아볼 수 없었다.

나는 아무 말 없이 따끈하게 국을 데우고 한주발의 밥과 준비한 반찬을 상에 올려놓고 식사 하시기를 권하였다.

"공부만 하던 네가 반찬도 제법 하는구나. 너의 엄마 손맛이 나는데…,"

그것이 아버지와의 마지막이었다.

아름다운 녹색의 계절 오월이 오면 환희와 함께 불효의 애상(哀想)이 가슴에 일렁인다. (2016. 5. 8.)

아버지의 가마솥 밥

추운 겨울철 아침 등교 전에 두레상 앞에는 아버지와 칠 남매가 둘러앉았다. 어머니가 갓 지어내온 무쇠 가마솥 밥은 놋쇠 주발에서 김을 모락모락 올리며 우리의 숟가락을 기다리고 있다.

아버지께서 먼저 숟가락을 드시고 먹자 하시면 우리는 일제히 숟가락을 들고 밥을 먹기 시작하였다. 아버님의 밥그릇이 거의 비어 갈 무렵 어머니는 구수한 숭늉을 누룽지와 함께 놋대접에 담아 오신다. 첫 그릇은 아버지의 몫이다. 그다음은 우리들 것이 나눠진다. 그 숭늉을 먹고서야 우리는 학교 갈 준비를 마친다.

저녁에도 똑같은 상황이나 아버지와 함께 할 때도 있고 때로는 사업차 지방에 가실 때에는 며칠씩 뵐 수 없을 때도 있었다.

아버지는 평생 가마솥 밥을 드셨다. 서울에서 태어난 나는 결혼(1968년)하기 전까지 무쇠솥 밥을 먹을 수 있었다. 아버지는 서울에서 원목 사업을 하셨다. 1950~60년대 우리나라 전국에서 벌목하여 서울로 들어오는 원목은 모두 청량리 원목조합으로 들어왔고, 아버지는 사업을 하시면서 원목조합장직도 맡으셨다. 덕분에 우리 집에는 장작이 늘 처마 밑까지 쌓여 있었다. 우리 집은 한옥이었다. 이것들은 아궁이에 들어가도록 적당한 크기로 패어 쪼개 놓은 것이다. 이 일은 아버지가 직접 하셨다. 곡간에는 큰 쌀독과 잡곡을 담은 독들이 일렬로 놓여 있고 그 반대편에는 패지 않은 장작더미가 쌓여 있었다. 틈틈이 광에서 가져다가 장작을 패셨다. 주로 출근 전이나 퇴근 후에 그 일을 하셨다. 구경하고 서 있는 우리에게 위험하다며 집안에 들어가 있게 했다.

결혼하여 아이 셋을 낳고 직장생활을 하는 동안 나는 가마솥 밥맛을 까맣게 잊고 지냈다. 1990년 늦가을 춘천을 가다 남편과 함께 가평휴게소에 들린 일이 있었다. 그때에 작은 무쇠솥이 눈에 띄었다. 가격은 묻지도 않고 싸달라고 하였다. 아버지 생각을 하며 흐뭇한 마음으로 솥을 가슴에 품었다.

그 다음날 쌀을 씻어서 무쇠솥에 붓고 적당량의 물을 부은 후 가스레인지 위에 올려놓았다. 쌀이 끓기 시작하자 10여 분 지난 후에 불을 약하게 하여 물이 자작하게 줄어들 때 더 약하게 하여 뜸을 들였다. 누룽지를 생각하며 시간을 끌었다. 그때 밥 타는 냄새가 나서 불을 끄고 뚜껑을 열었다. 다행히 위에 있는 밥은 괜찮았다. 무쇠솥 밥을 먹는 남편과 아이들은 밥맛이 다르다며 좋아했다. 그러나 아버지가 쪼갠 그 장작불에 어머니가 가마솥에 해 주시던 그 밥맛이 아니어서 난 시큰둥했다. 그나마 가족들이 맛있게 먹어주니 다행이다 싶었다. 누룽지 숭늉을 하려고 물을 부어서 끓였다. 그러나 밥이 타서 쓴 맛이 났다. 숭늉은 포기해야 했다.

무쇠솥이 사라진 후, 전기밥통이 나오면서 우리 사회는 급변화되어 핵가족화가 되었다. 요즈음은 아예 혼밥이 일상이 된 사람들이 많다. 가족의 해체랄까? 부모님과 가마솥 밥을 한 상에서 먹으며 도란도란 이야기를 나누던 그 시절이 그립다.

욜로(YOLO)는 'You Only Live Once'를 줄인 단어다. 그 뜻은 나 혼자만의 행복을 위하여 소비하는 태도를 말한다.

부모 형제와 함께 하는 삶이라면 욜로라는 단어의 발상부터 나오지 않았을 것이다.

무쇠솥 밥이 가족의 끈끈한 정을 엮으며, 나아가 안정된 사회와 국가를 유지하는데 일조(一助)를 했다고 생각한다. 요즈음 신문 지면이나 TV를 통하여 보도되는 뉴스 중에서 가족 해체에서 오는 각종 범죄가 비일비재하다. 상상할 수 없는 비극적인 일이다.

가족 모임이 있을 때 나는 무쇠솥 밥을 고집한다. 좀 번거롭기는 하여도 아들과 며느리, 딸들과 사위들이 좋아하기 때문이다.

손자, 손녀들도 그 맛을 알아가고 있다. 또한 나는 옛날의 따듯하였던 시절을 회상할 수 있어 기쁘다. 다음 주쯤 내 집에서 아이들이 모일 예정이라는 전화를 받았다. 내가 제일 먼저 준비해야 할 일은 무쇠솥을 꺼내는 것이다. 장작을 아궁이에 지펴서 하는 가마솥 밥이 아니라도 남편이 정원수를 가지치기하여 쌓아 놓은 나뭇가지를 장작대신 사용해서 밥을 하리라. 구수한 숭늉도 실패하지 않고 만들어야지.

내가 아버지의 가마솥 밥 사랑의 대를 이어가리라.

(2017. 8. 31.)

여의도와 아들

연날리기 대회가 초등학생들 대상으로 36년 전에 KBS방송국에서 개최한 일이 있었다. 음력 대보름을 기념하여 개최되었으나, 양력으로 정월 보름경이었다. 아마도 미리 녹화하기 위하여 날짜를 앞당긴 것 같았다.

연을 날리기 위하여서는 바람이 세게 불어와야 한다.

아들이 다니는 초등학교에서 가장 가까운 곳이 태릉이었다. KBS에서는 참가한 선수들을 데리고 태릉의 넓은 공터로 가서 연을 날리게 했다. 그러나 바람이 불지 않아 연은 날지 않고 땅바닥에 내려앉았다. 몇 번을 시도하다가 결국 방송국에서 여의도로 자리를 옮기기로 했다. 1월의 추위에 한복을 곱게 차려입은 아이들의 손은 꽁꽁 얼어붙었고 양 볼도 빨갛게 부어올랐다. 따라 다니는 학부형들도 추워서 발을 동동 굴렀다.

선수들과 학부형을 태운 KBS방송국 차는 여의도에 도착하자마자 한강변으로 선수들을 내려가도록 했다. 학부모들도 뒤따라 내려갔다. 바람은 귀불을 때리며 강하게 불어왔다. 얼레를 손에 쥐고 연줄을 푸는 어린아이들은 신이 나는지 추위도 잊은 채 높이 떠오르는 자신들의 연을 올려다보며 싱글벙글했다. 아들의 연은 가장 높이 올라서 꼬리를 흔들고 있었다. 남편과 나도 옆에서 박수를 치면서 응원했다.

드디어 1등부터 3등까지 발표를 했다. 아들은 어린이 챔피언으로 1등을 차지하고 함께 참석했던 아들의 친구는 2등을 하였다.

아들이 그때 사용했던 얼레와 연과 목에 걸어준 '어린이챔피언' 황금 메달은 지금도 우리 집 벽에 자랑스럽게 걸려있다. 얼레에 감겨 있는 실은 거의 검은 색으로 변했다. 한지로 만든 연(鳶)도 탈색이 되어 귀퉁이가 조금 찢어졌다. 그래도 여전히 그때의 감격을 전하고 있다.

아들의 친구는 선생님의 아들로 할머니가 대신 오셔서 응원을 하셨다. 손자가 1등 하지 못한 것을 매우 섭섭해 하면서도 나의 아들을 바라보며 잘했다고 칭찬을 아끼지 아니하였다. 같은 학교와 같은 동네에서 자라는 초등학생들이었다.

세월이 흘러 이 아이들은 성인이 되어 결혼을 했고, 내 아들도 남매를 둔 아빠가 되었다. 대학을 졸업하기도 전에 금융업계에 취업이 된 아들은 일찍 직장생활을 하였다. 주로 외국계 은행에서 글로벌한 업무를 취급하였다. 21년을 이름 있는 외국계 은행에서 상무로 수석 본부장 전무로 근무하였다. 자랑스럽기만 하던 아들이 지난 4월초에 퇴직을 하였다. 딸은 대학 2학년 재학 중이고 아들은 유학 중이라 학비가 여느 가정보다 많이 든다. 퇴직하는 날부터 걱정이 되었다. 아직 50세도 안되었는데 벌써 퇴직이라니?

세월은 게으름도 피지 않고 달려와 11월 말로 접어들었고 금년은 머지않아 기억 속으로 가라앉으리라.

찬바람이 정원의 낙엽을 휩쓸어 한 모퉁이에 몰고 있던 11월 마지막 토요일, 아들을 집으로 초대하였다. 퇴직하고 집에 있는 아들의 마음이 얼마나 고통일까 싶어서이다. 점심을 같이 하자고 했다. 난 군밤과 군고구마를 준비하였다. 아들이 초등학교 시절에 좋아했던 것이다.

거실에 발을 들어놓자마자 "흥~흥~"하며 아들은 냄새를 맡더니 군밤과 군고구마 냄새가 난다며 환히 웃었다.

"응! 엄마가 집에서 구웠다. 먹어 보렴." 하고 나는 조그마한 함지박을 내어 놓았다.

아들은 군밤 하나를 벗겨서 먹으며 좋은 소식을 주겠다고 한다.

"Good News"

밥을 차리던 나는 부엌에서 달려 나왔다.

"어머니! 다음 주 월요일부터 여의도로 출근해요."

"고맙다! 고맙다!"

여의도, 연날리기 대회에서 1등 챔피언이 된 것처럼 여의도 바람이 강하겠지만, 그 바람을 잘 타서 아들의 글로벌 비즈니스가 성공적인 결과를 가져 오기를 기원한다. (2017. 11. 25.)

곤드레 밥

오월의 햇살이 눈부시게 쏟아지는 오후에 남편은 밀짚모자를 눌러 쓰고 정원으로 나간다. 삼월에 씨를 뿌린 곤드레 나물의 모습을 보기 위해서다.

상추와 쑥갓, 방울토마토, 고추, 오이 등은 모종을 사다 봄에 심어 놓았다. 곤드레는 사돈한테 작년에 부탁하여 씨를 받아왔다. 차고 위에 흙을 넉넉히 부어 작은 밭을 만들어 거기에 씨를 뿌린 것은 곤드레였다. 흙이 넉넉지 않다며 남편은 유난히 곤드레 나물에 물을 많이 주며 신경을 썼다. 그래서인지 차고 슬레이트 시멘트바닥 위 흙에서 잘 자랐다.

2008년 가족 여행으로 정선에 놀러 갔다가 곤드레 밥을 처음

먹어본 후 우리 가족은 곤드레 밥에 매료되었다. 부드럽고 향이 좋았으며 들기름이 듬뿍 들어간 간장 양념장에 비벼 먹는 맛이 일품이었다. 그 후에 서울의 이곳저곳에서 곤드레 밥을 먹어보았지만 그 맛이 달랐다.

남편은 아직 덜 자란 곤드레 잎을 한소쿠리 따다 식당에 놓았다. 저녁에 곤드레 밥을 하자고 한다. 녹색의 곤드레 잎을 끓는 물에 살짝 데쳐서 쌀과 함께 압력솥에 넣었다. 양념장은 진간장에 쪽파를 잘게 썰고, 마늘 간 것에 들기름을 듬뿍 넣고 깨소금을 넣었다. 저녁 식탁에 남편과 마주 앉은 나는 곤드레 밥을 먹으며 6년 전 정선에서 맛본 그 맛을 찾고 있었다.

(2014. 5. 30.)

더덕 막걸리

장맛비가 오락가락하는 날씨에 남편의 고향으로 차를 몰았다.

고속도로로 들어서자마자 검은 구름은 비를 토하기 시작했다.

이런 궂은 날을 택하여 여행을 하나 하는 생각이 들어 후회가 되었으나, 조카가 휴가를 내서 우리를 기다리고 있다니 안 갈 수도 없다.

증평을 거쳐서 괴산에 도착한 시간은 오전 10시경이었다.

조카와 늦은 아침을 올갱이국으로 하고 명소로 알려진 '산막이 옛길'을 걷기로 했다. 4km가 되는 길이다. 이곳은 괴산군 칠성면에 있는 오지 마을인 산막이 마을과 사오랑 마을을 연결해 주는 십리 옛길을 산책로로 복원한 곳이다. 괴산호와 군자산을 바라보는 곳곳에는 26개의 명소가 자리하고 있다.

환백정, 소나무 출렁다리, 노루샘, 연화담, 망세루, 앉은뱅이약수, 호수전망대, 고공전망대, 마흔 고개, 연리지 등. 호수를 바라보며 산길을 걷는 동안 계곡에서 불어오는 바람은 우리의 땀을 식혀 주었다.

둘레길을 다 돌고 우리가 산막이 마을에 도착 하였을 때에 배를 타고 온 사람들이 선착장에서 내리고 있었다. 산막이 마을에는 몇 채 안 되는 집이 있었고 우리는 그중에서 '산막이 마을 산막이 옛집'이라는 간판이 걸려있는 주막으로 들어갔다. 평일이고 장마철인지라 손님은 우리 뿐 이였다.

메뉴에 더덕 막걸리, 묵무침, 빈대떡, 손두부 김치, 토종닭 볶음이 보였다. 남편은 더덕 막걸리에 빈대떡과 손두부 김치를 주문하였다. 50대 후반으로 보이는 주인아주머니가 주문한 음식을 바로 가지고 나왔다.

조카와 우리는 양은그릇에 더덕 막걸리를 따라 건배를 한 후 살얼음이 둥둥 뜨는 막걸리를 마시기 시작하였다. 술을 잘 마시지 못하는 나의 입맛을 당겼다. 우리가 술을 더 주문하자 주인아주머니는 묵무침을 서비스로 가져왔다. 그리고는 우리 옆에 앉아 자기가 이곳에 온 사유를 풀어냈다.

이곳은 자신의 고향이란다. 그녀는 공무원으로 공직생활을 하다 같은 직장에서 남편을 만나 결혼하여 두 아들을 두었는데 모두 성장하여 밥벌이를 한단다.

8년 전 친정어머니가 파킨슨병을 앓게 되어 그 병 수발을 들기 위하여 서울 생활을 접고 고향으로 돌아왔다고 한다. 어머니는 작년에 돌아가시고 홀로 남겨진 아버님 뒷바라지를 하며 이 주막을 운영하고 있단다. 그래서 손이 덜 가는 막걸리만 판다고 했다.

걸어서 온 '산막이 옛길'을 갈 때는 배를 타고 갔다. 괴산호를 둘러싼 푸른 산과 산허리를 휘감은 회색 구름이 운치를 더 하였다.

호텔에서 하룻밤을 지낸 우리는 조카를 졸라서 다시 그 '산막이 옛집'을 가자고 했다. 더덕 막걸리를 생각하며.

조카는 이번에는 산길로 가 보자고 했다. 운전은 조카가 하기로 했으니까 우리는 안심하고 차에 올랐다. 포장도로를 잠깐 지난 후 비포장도로를 굽이굽이 지나면서 차는 덜컹덜컹 거리며 높은 산을 올랐다. 산길 아래를 내려다보니 낭떠러지기 절벽이었다. 남편과 나는 숨을 죽이고 있었다. 차로 왔건만 어제 걸어온 시간의 배가 넘는 것 같은 느낌이었다. 산막이 옛집에 도착하여 주차할 때에 우리는 긴 숨을 몰아내었다.

생명을 담보로 하여 더덕 막걸리를 다시 맛보려고 했던 나를 바라보며 실소를 금치 못했다. 오늘은 주인아주머니 대신 아저씨가 우리를 맞이하였으며 손님은 역시 우리뿐이다. 한가해서인지 그도 우리 곁을 떠나지 않고 자신의 이야기를 했다. 그는 11대장손에 3대째 외아들이라고 한다. 고향은 충주인데 이곳 처가 집에서 장모님 뒷바라지를 했다고 한다. 그의 부모님들이 이해를 해주셔서 고마웠다고 했다 지금은 홀로되신 장인 뒷바라지 때문에 아내가 많은 스트레스를 받고 산다고 했다. 남편과 주거니 받거니 한 그도 남편도 취기가 돌았다. 나는 술을 한 모금도 마시지 않은 조카를 바라보며 그만 일어나자고 했다. 술을 못 마시는 나의 얼굴이 한 공기의 막걸리로 얼굴부터 발끝까지 붉게 물들어 있었다.

산막이 옛집을 떠나는 나의 손에는 한 병의 더덕 막걸리가 또 들려있다.

(2016. 7. 14.)

휘어진 나뭇가지와 땅을 향한 나뭇가지

파란 하늘에는 밤을 지새우고도 떠나지 못한 하얀 둥근달이 떠 있다. 빨간 단풍잎, 갈색 상수리 나뭇잎, 여러 가지 색을 만드는 벚나무 잎들, 생기 없는 누런 잎을 반 접고 있는 싸리 나뭇잎, 홍색의 화살 나뭇잎, 그밖에 수많은 나뭇잎들이 늦가을의 잔치를 준비하고 있다.

산의 오솔길을 걷고 있는 나의 다리를 치는 휘어진 나뭇가지가 보였다. 그 옆에는 부러지지 않은 나뭇가지가 땅을 굽어보며 무언인가를 찾는 듯하다.

하늘을 찌를 듯이 치솟아 있는 자작나무도 보인다. 나는 걸음을 멈추고 그 휘어진 나뭇가지와 땅을 굽어보고 있는 나뭇가지를 물끄러미 바라본다.

순간 손자의 얼굴이 떠올랐다. 이제 초등 6학년인데 박지성 같은 축구선수가 되겠다며 5학년 때부터 열을 올리고 있다. 물론 저학년 때부터 취미생활로 매주 토요일이면 레슨을 받으며 축구를 하여왔다. 그러나 이는 손자 녀석에게 취미삼아 운동을 시킨 것이다.

그런데 손자 녀석은 축구에 많은 흥미를 느꼈다. 오직 축구에 열정을 다하는 손자를 보고 있자니 고민이 되었다.

이 녀석의 강경한 꿈 때문에 며느리와 아들은 몇 달간 고민을 하던 끝에 미국으로 유학을 보내기로 하고 손자에게 물었다. 미국에서 공부도 잘하고 축구도 잘할 수 있는데 원하면 보내주겠다고 했더니 손자는 주저함이 없이 가겠다고 하였다. 며느리와 아들은 학교를 알아보고 손자의 소원대로 보내기 위하여 수속중이다.

이아침 산책길에서 만난 저 휘어진 나무나 땅을 굽어보고 있는 나뭇가지를 있는 그대로 끌어안고 가는 자연의 사랑과 순리에 감탄한다.

손자가 운동선수를 하겠다는 것에 놀란 며느리와 아들이 그 꿈을 꺾고자 미국 유학을 시키는 것이다. 사실 박지성 같은 축구선수는 하늘에 별처럼 되기 어려운 것을 나도 안다. 그러나 손자의 강한 의지가 미국에서 환경의 변화로 변할지는 모르겠다. 유학 가는데 나도 일조를 하였지만 어린 손자를 보면서 가슴이 아리다. 있는 그대로 품고 가는 자연처럼 우리도 아이들을 있는 그대로 받아 성장시킬 수는 없는 것인지? (2012. 11. 3.)

엄마와 하루를

엄마와 하루를 보낼 수 있다면 난 무엇을 제일 먼저 할까? 고민하여 본다.

몸을 움츠리게 했던 겨울은 따스한 햇살에 밀려나고 노란 복수초가 얼어붙은 흙덩어리를 밀고 나와 환한 얼굴로 미소를 지어 보인다. 남녘에선 매화가 꽃망울을 터트렸다고 한다. 우리 집 정원에 있는 동백도 붉은 가슴을 열고 있다.

이 아름다운 계절에 엄마와 하루 꽃구경을 하면 좋을 것 같다.

꽃을 유난히 좋아 하시는 엄마다. 미국으로 이민을 가셔서 가장 좋아하신 것은 사철 꽃을 볼 수 있는 것이라고 하셨다. 사철이 따뜻한 캘리포니아로 가셨으니 어디를 가든지 꽃은 볼 수 있으니 엄마는 그것을 낙으로 삼으셨다.

우리나라는 봄이 와야 꽃을 볼 수 있지 않은가. 엄마와 한국에서 하루를 보낸다면 꽃 피는 봄날에 오시라고 해서 나들이를 하고 싶다.

먼저 엄마를 모시고 벚꽃이 터널을 만드는 화계사 길을 걷고 싶다. 실바람에도 하르르 날리는 그 꽃길을 엄마와 둘이 걷고 싶다. 그 꽃잎이 엄마의 머리와 옷에 앉기를 바란다. 엄마는 소녀처럼 기뻐하며 그 꽃잎을 잡아 만지작거릴 것이다.

그렇게 꽃길을 걷다 시장기가 오면 화개장터에서 재첩국을 먹은 후 섬진강변을 손잡고 걸어 보련다. 강에서 멀리 보이는 연둣빛 산등성이에 하얀 뭉게구름이 오르락내리락 하고, 섬진강 물은 햇살에 반짝이며 봄날을 흥얼거리리라. 엄마는 젊은 날 이야기를 나에게 들여 주면서 옛날의 시간을 되찾고 계시리라.

그 다음으로 가고 싶은 곳은 동해 바다다. 엄마가 한국에 계실 때에 자주 가보지 못한 곳이기에. 내가 학교에 다닐 때 생태찌개를 하시면 늘 생태 대가리만 대접에 담아서 뼈를 바르시던 그 모습이 지금까지도 역력하다.

이른 새벽, 속초 동명항에 입항하는 어선에서 가장 큰 생태 한 마리 사서 내 손으로 생태찌개를 끓여 대가리만 빼고 통째로 엄마에게 드리고 싶다. 날이 어두워지면 잠자리에서 엄마의 손을 꼭

잡고 함께 나란히 누워 밤하늘에 별을 세워 보고 싶다. 나는 평생 이것을 하지 못했다.

하늘나라에 계신 엄마! 하루 휴가 나오시면 안 되시나요.

이 아름다운 봄날에 하루만 나와 함께 해 주세요. 행복한 봄날이 되게 해 주세요. 하늘나라로 돌아가시기 전에 그곳 이야기도 조금만 해 주시고요. (2017. 3. 20.)

손자의 작은 손길

유학중인 손자가 여름방학으로 6월 초에 귀국하면 이삼일 만에 일본으로 출국한다고 큰딸이 나에게 전하였다. 여행이냐고 물었더니 아니 봉사하러 간다고 했다.

11학년인 손자가 다니는 South Kent School에서 선배가 알려준 아시아희망캠프(ACO, Asia Hope Camp)를 통하여 한일 포럼이 주최하고 코리아 플라자 히로바가 주관하여 실시한 프로그램인 제7회 한일 중고생 포럼 시마네현 봉사활동에 손자는 참가한다고 했다. 취지는 시마네현 바다의 한국 표착해양쓰레기 문제를 해결하고 한일 청소년간의 우호적 관계를 가지는 것이라고 들었다. 손자가 다니는 학교에는 일본인 친구도 있고 제2 외국어로 일본어를 공부하는 손자에겐 큰 도움이 되리라 생각되었다.

이 봉사는 시마네현 바다에서 해양쓰레기를 줍는 일이다. 쓰레기를 주우면서 손자는 한국 쓰레기들이 무지하게 많아서 일본에게 미안한 마음이 들었다고 한다. 해안 청소를 끝낸 뒤 도착한 곳에서는 쓰레기 분리수거에 대한 강의를 들었다고 했다. 이 강의를 통하여 할 수만 있으면 쓰레기를 만들지 말아야 하겠다는 다짐도 했단다.

랜덤으로 결정된 홈스테이는 대가족이 살고 있는 일본 전통 집이였다. 환경문제에 깊은 관심이 있는 이집은 에어컨을 쓰지 않았다고 했다. 너무 더운데 당황스럽기도 했지만 관광을 시켜 줄 때 따뜻하게 대해 주어서 고마웠다고 한다.

하루는 일본학교로 가서 각자의 나라를 대표하는 요리를 해서 서투른 솜씨로 완성한 음식을 나누워 먹었단다. 또 하루는 시마네현 현청으로 가서 그곳 사회복지공무원과 이야기를 나누며 쓰레기 인식에 관한 의견을 발표하기도 했단다.

인터넷 기사에서 '해양 쓰레기 '이들'덕분에 더는 골칫거리 아니다'를 읽었다.

첫 번째는 The Ocean Cleanup 두 번째는 Seabin Project 세 번째는 5 Gyres Insitute(5환류 연구소)이다.

The Ocean Cleanup은 말 그대로 바다를 깨끗이 하는 노력이다. Seabin Project는 호주의 두 서퍼에 의하여 시작된 바다의

(sea) 쓰레기통(bin)이다. 바다에 쓰레기통을 설치해서 쓰레기를 거두는 것이다.

5 Gyres Institute는 국민, 정치인, 기업인들과 협력하여 플라스틱 폐기물이 바다로 배출되는 것을 막는데 중점을 두는 것이다.

현재 우리는 모든 노력을 기울여 바다 쓰레기를 줄여야만 한다. 바다에 플라스틱 쓰레기가 섬을 이루었다는 소식에 놀랐다. 이는 북태평양 거대 쓰레기 지역에 아일랜드를 만든 것이다. 그 넓이가 우리나라 7배나 된다고 한다.

이는 바다에 살고 있는 동물들뿐만 아니라 인간의 목숨까지 위협하는 심각성을 가지고 있다. 바다 위도 바다 속도 쓰레기로 몸살을 앓고 있다. 돌고래, 바다사자, 고기들이 플라스틱이나 고무호스, 음료수 캔을 먹는다. 심지어 바닷새도 플라스틱 조각을 먹이로 알고 먹는다.

지구의 72%가 바다이고, 바다는 지구상에 존재하는 물의 97%를 담당하고 있으며 50%의 산소 생산을 하고 있다.

식품포장지, 음식물용기, 일회용품등 수 톤의 플라스틱이 바다를 오염시키고 있다.

지구온난화, 산성화, 어류남획 등에 의한 해양문제와 오염이 인간의 노력으로 해결될지는 아직 의문투성이다.

그러나 우리의 노력으로 많은 문제가 해결되기를 바라는 마음이다.

자라나는 청소년들이 바다의 오염에 대한 심각성을 인지하고 플라스틱 쓰레기를 줄이는데 심혈을 기울인다면 우리는 희망을 가질 수 있다. 기성세대인 우리들도 바다를 살리고 우리와 우리 후손을 살리기 위하여서는 플라스틱 쓰레기뿐만 아니라 일반 쓰레기를 줄이는데 최선을 다하여야 한다.

손자의 작은 손길이 바다를 살리는 작은 도움이 될 것을 믿어 의심치 않는다. (2018. 7. 11.)

용바위 식당

미세먼지 때문에 며칠 째 하늘이 뿌옇고 시야가 흐리다.

서울을 떠난다는 마음이 눈을 시원하게 밝혀준다.

남해에서는 꽃소식이 계속 올라오고 있지만, 강원도 인제로 차를 몰았다. 평일이라 도로가 복잡하지 않으리라 믿었지만 이토록 펑 뚫릴 줄은 몰랐다. 고속도로를 통 채로 전세 낸 듯 남편과 나는 신나게 차를 몰았다.

도로 양편으로 보이는 산에는 소나무나 편백나무만 초록색을 보일뿐 다른 나무들은 아직 연녹색 잎이 보이지 않는다.

아침 7시에 떠난 우리는 가평 휴게소에서 잠깐 쉬었다가 인제를 향해 달렸다. 네비게이션에 '용바위 식당'을 찍고 운전을 하였다. 여인의 방향지시에 따라 무사히 인제군 용바위 식당에 도착하였다. 이 식당은 작년 5월에 아들이 우리를 초대했던 곳이다. 그 곳에서 황태 국을 먹고 설악산으로 가자고 했었다. 하지만 우리는 사정이 있어 함께하지 못했다. 그 후 꼭 한번 들려보리라 생각했었는데 그것이 오늘이다. 식당에 들어서자 앞치마를 두르고 붉은 머리 수건을 두른 자그마한 아주머니가 우리를 반겼다. 그녀가 서 있는 식당 우편에는 포장된 황태가 크기별로 쌓여 있고, 그 옆에는 분재된 연산홍과 철쭉이 연분홍색과 진분홍색으로 꽃잎을 펼치고 테이블에서 얌전히 자태를 보여 주고 있었다. 그 뒤로는 손님을 기다리는 테이블이 방 안에 가득 놓여 있었다. 식당 문 옆에는 차를 끓이는 가마솥이 돌로 쌓아 올린 화로 위에서 구수한 냄새를 풍기며 하얀 김을 계속 뿜어내고 있다.

우리는 황태정식을 시키고 음식이 나오기 전에 우리를 반긴 그 아주머니에게 쌓여 있는 황태를 보며 가격을 물었다. 황태는 크기에 따라 가격이 달랐다. 나는 중간 크기의 황태를 골라서 샀다. 황태구이를 할 수 있도록 뼈를 다 골라서 다듬어 놓은 것이라 요리하기에 불편이 없을 듯했다.

서빙하는 아가씨가 식사가 다 되었다며 우리를 향하여 말했다. 우리는 서둘러 식탁으로 갔다. 우윳빛 황탯국이 입안에 침을 고이게 한다. 한 숟가락 떠서 맛을 보며 남편과 나는 고개를 끄덕였다. 갓 지은 흰밥을 남편은 황탯국에 푹 넣었다. 난 다른 반찬과 함께 먹으려고 황탯국에 밥을 말지는 않았다. 우리의 식사가 끝날 무렵 아주머니는 우리에게 차를 권했다. 가마솥에서 끓고 있던 것이 돼지감자 차였다. 구수한 맛이 입안에 머무르는 것이 황태국과 잘 어울리는 차인 것 같다. 돼지감자는 당뇨에 좋다고 하여 최근에 많이 복용을 한다.

식당 앞에서 우리를 맞이한 아주머니는 이 식당의 사장인 여영순 여사이다. 30년간 이 식당을 운영했다고 했다. 그녀는 시집을 출판한 시인이다. 내가 시인이라고 하자 반갑게 나의 두 손을 잡으며 자신의 시집 한 권을 건너 주었다.

소박한 그녀에게서 삶의 진솔함이 풍겨 나왔다. 종업원들과 똑같은 앞치마에 머리 수건을 하고 손님을 맞이하는 모습이 정겨웠다. 황태덕장도 겸하여 운영하고 있는 용바위 식당이다. 식당에서 파는 황태는 그녀의 덕장에서 생산되는 것이다. 이제는 이일을 쉬고 싶다고 한다. 자신의 몸도 여기저기 아파서 신음하고 있다고 했다. SBS 백종원 먹방에서 방영되고 난 후에는 손님이 너무 많이 와서 혼이 났다고 한다.

그 사장은 아들 며느리에게 식당을 내어주고, 하고 싶은 글쓰기나 해야겠다고 한다. 나는 그녀가 하루속히 '용바위 식당'과 용바위 덕장에서 손을 떼고 그녀의 소원을 이루기를 바라며 차머리를 설악산으로 향했다. (2017. 3. 23.)

아이들이 행복한 나라

오래 만에 함박눈이 정원에 쌓이고 있다. 아이들의 고사리 손이 눈을 뭉치며 까르르 웃어대던 모습이 펄펄 날리는 눈 속에 함께 내려앉고 있다.

작년 겨울부터 병신년(丙申年)새해 2월에 이르기까지 겨울 가뭄이 심하였다. 오늘 내리는 눈은 목마르게 싹을 틔우고자 하는 나목(裸木) 위에 옷을 하얗게 입히고 있다.

나는 단독주택에서 48년을 살고 있다. 결혼하여 단독주택에 방 두 개를 얻어 신혼살림을 차린 후 지금까지 세 번 이사를 하였다. 2년간 전세살이를 하다가 25평짜리 단독주택을 사서 이사하였다. 이때 세 아이가 다 태어났고 그 후 지금 사는 집으로 이사 하여

44년을 살고 있다.

부부 맞벌이를 하던 우리는 귀가 시간이 늘 즐거웠다. 아이들은 동네 빈터에서 친구들과 놀다가 엄마, 아빠를 보면 달려와 품에 안기며 재잘거렸다. 마치 나뭇가지 위에 앉아 수다 떠는 참새들처럼 말이다. 아이들이 품에 안길 때에 나는 사랑의 정점에 도달하며 나도 모르는 기쁨이 솟구쳤다.

요즈음 매스컴을 통하여 전달되는 뉴스에 가슴이 무너지며 눈물이 흐른다.

지난 3일 부천에서는 목사인 친아버지와 계모가 여중생인 딸을 죽여서 11개월간 부패하도록 방치한 것을 발견하였다. 이에 앞서 지난달 21일에는 부천 초등학생 사건 현장검증이 진행되었다. 힘없는 어린이를 상습 폭행하여 사망에 이르게 한 범인은 친아버지였다. 사건 후 그 엄마도 4년간 남편과 태연하게 살아 왔다. 경남 고성경찰서는 두 딸을 학교에 보내지 않은 혐의로 구속 수사를 받아온 박모(여. 42)씨가 2011년 10월 큰딸(당시 7세)을 때려 숨지게 하고 암매장한 사실을 자백했다고 15일 밝혔다.

유니세프한국위원회 회장인 송상현 씨는 유니세프한국위원회에서 아동 권리에 대한 인식을 높이고자 다양한 활동을 펼치고 있다고 한다. 최근에는 '한국이 지켜야 할 어린이를 위한 약속'이라는 제목으로 유엔아동권리위원회의 권고 사항을 쉽게 풀어쓴 홍보 책자를 발간해 배포하고 있다.

한국은 1991년 유엔아동권리협약(Convention on the Rights of the Child)을 비준한 뒤 정기적으로 이행 보고서를 제출하고 있다. 그러나 아동권리위원회는 그 보고서를 심의한 후 이행 상황에 대한 우려와 제안을 담은 권고를 세 차례 우리 정부에 전달했다. 하지만 위원회의 권고 사항이 제대로 이행되지 않아 같은 내용의 권고를 거듭 받고 있다고 했다.

그 가운데는 아동학대 근절을 위한 근본적 대책을 세우라는 내용도 포함돼 있다. 1946년 2차 세계대전 패전국의 어린이를 도우면서 시작된 유니세프가 올해로 70년을 맞았다. 설립 이념은 '모든 어린이가 행복한 세상'이다. 그는 사회가 어린이들의 불행을 소비하는 데 그쳐서는 안 된다고 말했다.

어린이들이 행복해야 사회와 이 나라가 행복하다. 우리는 어린이들의 행복을 위하여 가정이 먼저 사랑의 둥지가 되어 주고 꿈을 키울 수 있도록 건전하고 공의로운 사회를 만들어 그들의 가슴 속에서 기쁨이 솟구치는 샘이 있도록 하여야 하겠다. 이를 위하여 자녀들에 대한 부모의 생각이 바뀌어야겠다. 자녀들은 독립된 개체이며 그들의 삶을 영위할 권리가 있는 사람이다. 부모가 자녀를 그들의 소유물로 생각하여 폐기하거나 생명을 앗아가는 일은 생각할 수도 없는 것이다. 자녀를 살해한 부모는 어떠한 이유로도 살아갈 권리가 없다.

아동 권리를 위하여, 대한민국의 미래를 위하여 우리는 더욱 더 깊이 고민하고 노력하여 어린이들이 행복하게 살 수 있는 나라가 되도록 하여야겠다. (2016. 2. 16.)

새싹

연둣빛 새싹이 이 나무 저 나무에서 얼굴을 빼죽이 내밀고 있다. 새싹을 바라보는 사람들의 마음도 싱숭생숭한지 밖으로 얼굴을 내밀고 꽃소식만 들리면 튀어나갈 자세이다.

이 계절에 우리의 새싹들을 생각하여 본다. 여기저기서 그들이 무참히 학대당할 뿐만 아니라 생명까지 빼앗기고 심지어 육체까지 훼손되는 사건을 듣는다. 이것이 남도 아닌 부모에 의하여 일어나는 일이라니 소름이 끼치는 살인사건이다. 어쩌다가 이 나라가 이 지경에 이르렀나 하는 한탄과 함께 지금부터 우리는 다음 세대를 위하여 무엇을 해야 하는가 자문하여 본다.

정부에서는 재혼하는 가정에 교육을 시키겠다고 발표했다. 과연

이것으로 사건이 마무리될 수 있을까? 인성회복교회의 김종학 목사는 '교회연합신문'에서 인간성 회복 교육만이 타락한 세계를 바로 잡을 수 있다고 했다. 인간은 누구든지 이 세상의 12가지 죄에 오염된 가나안을 가지고 있단다. 아무리 교육과 훈련을 받아도 마음속에 있는 가나안을 버릴 수 없다고 한다. 그러나 하나님의 명령은 영원한 복지가 있는 가나안을 정복하라고 말씀하신다. 인간성 회복의 진리가 여기 있다고 했다.

시애틀 아시안약물중독치료 서비스 디렉터인 이태선 씨는 '고국에서 벌어지는 아동학대 사건들을 보며' 미국에서 아동들을 어떻게 철저히 보호하며 관리하고 있는지를 피력하였다. 한 예를 들어가며 그는 말했다. 미국으로 이민 온 지 얼마 되지 않은 한인 엄마가 있었다. 어느 날 백인 남녀가 그 집 초인종을 눌렀다.

자신들은 주(洲) 보건 당국의 아동보호센터에서 왔다며 "학교 선생님으로부터 이집 막내딸에게 신체적 학대 가능성이 있다"는 신고가 들어와서 조사하기 위하여 왔단다. 한국 사람은 태어날 때부터 몸에 몽고반점이 있다는 것을 백인 담임선생이 이해하지 못하고 신고를 했던 것이다. 부모에게서 학대받아 멍이든 것으로 오해하였다고 하여 그 신고는 종결되었다.

그는 조국에서 천륜마저 무너져 가는 현실 앞에서 사람들은 "완전히 망조 든 세상"이라고 한탄하였다. 어떻게 자식을, 그것도 생때같은 어린애를 수없이 때리고 굶기고 물에 처넣고 감금하고 방치하다가 신음하면서 죽어 가면 부댓자루에 넣어 야밤에 야산에 매장해 버리고 아무렇지 않게 살아가다니….

이혼 급증과 가족 해체, 경제적 곤란, 도덕성 타락 등 어떤 이유들을 다 합쳐도 도무지 설명되지 않는다고 했다.

그는 이것이 정부의 사회 안전망에 구멍이 뻥 뚫려서 제구실을 못하고, 가정폭력과 아동학대에 관한 구체적인 매뉴얼도 없다고 했다.

경찰과 아동보호시설 관계자의 변명은 한결같이 '예산과 인력부족'이라고 한다. 국민의 세금은 도대체 어디에 쓰는지 내 조국이지만 이해가 안 된다고 조선일보 4월 1일자 아침편지에 그는 썼다.

어제 나에게 배달된 『웃음꽃이 피었습니다·2』를 읽고 나는 가슴이 따듯한 사람들을 만났다. 이 책은 월계가정복지센터에서 창립 10주년을 맞이하여 발간된 것이다. 결손가정의 아이들을 방과후 교실에서 품어 잘 성장시킨 사례를 발표하였다. 초등학교 저학년이었던 꼬마는 지금 의젓한 대학생이 되었다. 잘 자라서 군복무를 하고 있는 청년도 있었다. '여러분의 사랑이 씨앗이 되어 새로운 웃음꽃으로 피어나기를 소망한다.'는 글도 책표지에 실었다.

슈퍼 아줌마가 경찰에 신고한 한 어린아이의 모습이 우리의 가슴을 아프게 했다. 큰 신발을 신고 가게에 들어와 먹을 것을 찾던 그 아이를 이상하게 생각한 그녀 때문에 그 아이는 구제될 수 있었고, 이로 인하여 각 학교에서 장기 결석하는 학생들을 수사하기 시작하였다. 이 과정에서 학부모들이 자식을 죽여 암매장한 사건들이 줄줄이 폭로되었다. 심지어 아이를 죽여 그 시체가 부패하여 냄새가 난다고 친부와 계모가 냄새 제거제를 뿌리며 살던 사람도 체포되었다.

우리가 내 주위에 조그마한 관심을 가지면 우리의 버려진 새싹들을 찾을 수 있다. 이들은 대한민국의 미래이며 우리의 미래이다.

김종학 목사의 말대로 죄에 오염된 가나안을 버리고 인간성회복으로 하나님의 명령인 영원한 복지가 있는 가나안을 정복하여야겠다. 또한 이태선 씨의 지적대로 가정폭력을 방지할 대책을 수립(樹立)하고 아동보호센터를 제대로 운영하여야겠다. 이를 위하여 가정, 학교, 사회와 국가가 조직적인 체계(體系)를 이루어 우리의 새싹들이 꿈을 가지고 활기차게 솟아올라 꽃피고 열매 맺도록 우리는 물과 거름과 햇볕이 되어 주어야겠다.

산에 거목(巨木)의 뿌리에서 잔가지들이 여기저기 나와 연두색 새싹들이 옹기종기 돋고 있다. 이들은 장차 큰 숲을 이루리라

방정환 선생님이 제정한 어린이날, 5월 5일은 365일로 이어져야 한다.

다시는 이 땅에서 어린 새싹이 훼손되지 않기를 기원한다.

(2016. 4. 1.)

※12가지 죄(막7:21~22)

음란, 도적질, 살인, 간음, 탐욕, 악독, 속임, 음탕, 흘기는 눈, 훼방, 교만, 광패

5부

따뜻한 손길

포획(捕獲)된 말벌

찜통더위가 연일 전국을 휘감고 떠날 줄을 모른다.

사람들은 물론 철새와 가축, 물고기들까지 더위에 희생되어 연일 신문, 방송을 통하여 보도되고 있다.

우리 집은 정원에 잔디가 있고 정원수가 집을 둘러싸고 있어 작년까지 에어컨을 사용하지 않았다. 하지만 금년에는 섭씨 34도에서 36도가 넘는 기온이 몇 주째 계속되니 건물자체가 불도가니였다. 벽돌과 돌에서 뿜어내는 열기에 더하여 내리쬐는 태양열은 숨쉬기조차 힘들 정도다. 2층 창문을 다 열어젖히고 아래층 창문도 열어서 바람의 소통을 기대하여 보지만, 이것이 다 허사이다.

매일 밤 에어컨에 의지하며 잠을 청하였다.

오늘도 힘든 하루를 보내고 더위를 식힌다고 정원에 물을 뿌리기 시작하는 남편이다. 나는 그의 손에 들여 있는 호수에서 뿜어 나오는 찬물에 몸을 적시며 시원한 저녁을 맞이하였다. 몸에서 떨어지는 물기를 씻으려고 목욕탕으로 들어가는 순간 남편의 큰소리가 정원 뒤뜰에서 들렸다.

"여보, 여기 큰 벌통이 달여 있어."

나는 놀라서 허겁지겁 큰소리가 난 곳으로 달려갔다. 그가 가리키는 골방 앞 천장 나무 서까래에 커다란 벌통이 매달려 있고, 서너 마리의 말벌들이 조롱박 손잡이처럼 생긴 벌통 끝에 붙어서 움직이고 있었다.

요즘 서울에서 말벌이 발견되어 신고가 들어오고 있다는 뉴스를 TV에서 본 적이 있으나 우리 집에 이런 일이 일어나다니. 말벌은 치명적인 침을 가지고 있어서 조심해야 한다고 한다. 남편은 스마트폰을 들더니 즉시 119에 신고하였다. 5분도 채 안 되어 소방차를 몰고 119구조대가 도착하였다. 8명의 구조대원 중 한 명이 우주인처럼 머리부터 발끝까지 하얀 옷을 입었다. 얼굴 부분으이 완전히 감싸진 상태로 그는 큰 비닐봉지를 들고 노봉방(露蜂房)이 있는 곳으로 갔다. 조심스럽게 다가 간 그는 비닐 봉투를 벌통 위부터 뒤집어 씌워 아래까지 떼어 냈다. 그러자 수많은 말벌들이 쏟아져 나와 비닐 안에 가득했다. 그들은 자신들이 포획된 줄도 모르고 우왕좌왕하며 좁은 공간에서 움직이기 시작하였다.

시원한 냉커피를 대접한다고 커피 물을 올려놓고 노봉방을 어떻게 처리하나 하는 궁금증 때문에 구조대원들을 쫓아다니다가 대접을 못하였다. 더위에 수고한 그분들을 그냥 보내는 마음이 송구스럽다.

그들은 떠나면서 집을 나간 말벌들이 계속 올 수 있으니 조심하시라는 말을 남기고 더위 속으로 사라져 갔다.

그날 이후 남편은 몇 일째 수시로 그곳을 가본다. 집을 나갔던 말벌들이 한두 마리씩 계속 나타난다며 약을 뿌리고 있다. 어제는 농약을 뿌려야겠다며 준비를 하고 있었다. 그냥 놓아두면 다시 집을 지을 것 같다면서.

말벌들이 집을 짓기 위하여 얼마나 오랫동안 노동을 하였을 텐데, 그 모든 수고가 포획으로 인하여 헛되이 무너졌음이 안타깝다.

드넓은 산야가 많은데 하필 우리 집에 집을 지어서 말벌의 선택이 참담(慘擔)한 결과를 가져왔다.

나는 인생길에서 수많은 선택을 했을 텐데, 말벌의 선택 같은 것은 없었나 하고 되돌아본다. 내 자녀의 삶 속에 나의 순간 선택이 개입되어 힘들게 생을 꾸려가는 아이가 있다. 그 아이가 고비를 넘길 때마다 나도 함께 넘으면서 그 고통을 나누게 된다.

프랑스 철학자 장 폴 사르트르는 삶은 'C와 B', 그리고 'D'사이에 있다고 했다. 즉 탄생(Birth)부터 죽음(Death)까지 선택(Choice)의 연속이란 뜻이다.

비닐 봉투 안에서 힘껏 날개 짓을 하며 나르려는 말벌들 위에 내 아이의 모습이 클로즈업 되었다. (2016. 8. 19.)

청명(淸明)의 날에

늘 하던 운동을 하려고 동네에 있는 야산에 올랐다. 지난주부터 개나리가 활짝 피어있더니 오늘은 벚꽃이 만발하여 온산을 뒤덮고 있다. 산책 온 사람마다 입가에 웃음이 번지고 낯선 사람인데도 "꽃이 예쁘죠."하며 말을 건다.

개나리보다 먼저 핀 산수유도 노랗게 가녀린 꽃잎을 지키고 있다. 싸리꽃이 곧 피어나려는지 하얀 꽃잎이 드문드문 보인다. 진달래는 꽃 봉우리만 봉긋하게 진분홍빛을 띠고 있다. 하늘은 구름 한 점 없이 맑고 푸르다.

오늘이 절기상 청명(淸明)인 4월 4일이다.

24절기의 하나로 한식과 같은 날 또는 하루 전날이 된다. 때로는 식목일과 겹치기도 한다. 청명은 동지(冬至) 후 100일 되는 날이다. 중국에서는 청명절의 날씨가 좋으면 그해의 농사가 잘 될 것이라고 믿는다. 또한 이날은 조상의 묘를 참배하고 제사 지내는 날이기도 하다.

"청명에는 부지깽이를 거꾸로 꽂아도 산다"라는 속담이 있다. 아마도 청명이 되면 봄기운으로 왕성한 생명력이 자연을 움직이고 있기 때문이리라.

다음 주 수요일, 4월 13일에 국회의원 선거가 있다. 19대 국회의원들은 국민에게 많은 실망을 안겨 주었다. 국회에 계류 중인 수십 건의 법안을 처리하지 못했고, 심지어 청년의 일자리를 위하여 법 개정을 서둘러 올렸으나 이마저 통과 시키지 못하고 있으니 국민과 정부의 원망의 대상이 되고 있다.

이때에 국민은 또 다시 20대 국회의원 선거를 해야 한다. 세비만 축내는 국회의원을 또 뽑아야 되는지 갈등이다. 국가와 국민을 위하여 최선을 다 할 수 있는 사람. 세비를 받으면서 최소한 그 값이라도 하는 사람을 찾아야 할텐데…. 친노, 비노, 친박, 비박 하며 우리의 머리를 시끄럽게 하더니 이제는 선거 운동한다고 각 당의 대표 색 잠바를 입고 등산로, 시장바닥, 어디에나 동원된 사람들이 이삼오오 서서 허리를 90도로 꾸부려 인사를 한다. 잘 부탁한다는 말과 함께.

그들을 만날 때마다 나는 번거롭고 짜증스럽다. 그들이 내미는 후보의 명함도 받기 싫어서 무관심으로 지나친다.

여론 조사를 하였다며 그 결과를 발표하는 것도 믿을 수 없다. 선거 때마다 빈공약이 난무하는 것도 이젠 국민이 다 아는 바이다. 하지만 우리는 투표를 하여야 한다. 그 어느 때보다 국민들의 지혜와 분별력이 필요한 시기이다. 나라와 국민의 안녕과 발전을 위하여 자신을 던질 수 있는 양심 있는 국회의원에게 소중한 한 표를 던져야겠다.

자왈(子曰) "성인(聖人)을 오부득이견지의(吾不得而見之矣)어든 득견군자자(得見君子者)면 사가의(斯可矣)니라."

공자께서 말씀하시기를 "내가 성인을 만날 수 없더라도 군자라도 만날 수 있다면 괜찮을 것이다."라고 말했다.

20대 국회에서 우리 국민이 성인을 만날 수 없더라도 군자라도 만나면 안심하고 그들을 바라보겠다.

청명(淸明)인 오늘, 푸른 하늘에서 찬란하게 쏟아지는 햇살을 바라보며 중국인이 말한 것처럼 올 농사도 풍년이 되고, 어제 비가 내려서 오늘 날씨가 청명한 것처럼, 이 나라에 끼여 있는 모든 안개가 걷히기를 기대해 본다. (2016. 4. 4.)

말들의 충정(忠貞)

선조대의 문신으로 이경류(1564~1592)선생이 있었다.

그는 임진왜란 때 상주전투에서 홍문관 교리, 박지와 윤섬과 함께 전사했다.

문관 종사관은 직접 전투에 나가는 직책이 아닌데도 이 세 사람은 직접 전투에 임하여 목숨을 잃었다. 이경류가 전사하자 그의 애마는 그의 피 묻은 옷을 물고 지금의 성남 분당 중앙공원 부근에 있던 한산이씨의 마을에 있는 선생의 집으로 달려왔다. 500리 길을 달려온 애마는 3일 동안 아무 것도 먹지 않고 굶어 죽음으로 주인에 대한 충성과 의리를 지켰다. 이를 바라본 주민들도 이경류 선생과 그의 애마를 잃은 슬픔에 깊이 빠졌다.

이경류 선생의 묘소 바로 아래에 이 말의 무덤인 애마 총이 있으며, 충신 정려문이 중앙공원에 세워졌다.

1950년 6월 25일 한국전쟁이 북한의 남침으로 인하여 일어났다. 전쟁 준비를 하고 달여 온 북한에 의하여 남한은 파죽지세(破竹之勢)였다. 맥아더 장군의 인천상륙작전과 연합군의 지원이 없었다면 지금의 남한은 상상할 수도 없다. 빗발치는 포화 속에 탄약을 운반한 미 해병대 하사, 레클리스가 있었다. 그는 1953년 3월 26일부터 30일까지 매향리 전투에서 386회(56km)를 왕복하며 부상을 당하고도 탄약을 실어 날랐다. 레클리스 하사가 부상을 당했기 때문에 그가 주저앉아 있어도 아무도 그를 나무랄 사람이 없었다.

그럼에도 불구하고 그는 매향리 전투가 끝날 때까지 다친 몸을 이끌고 탄약을 충실하게 날랐다. 레클리스는 전쟁 후 피터슨 중위와 함께 미국 캘리포니아로 이주하여 1968년 사망할 때까지 평안한 여생을 보냈다.

레클리스(Reckless)는 1997년 미국 라이프지(誌)가 선정한 100대 영웅에 선정되기도 했다. 그는 퍼플 하트 훈장 2개, 유엔 종군기장 미 대통령 표창, 한국 대통령 표창장을 받았다. 그는 1957년 미국 최초의 말 부사관이 되었다.

레클리스는 몽골 암말이었으며 한국명은 '아침 해'이다.

그의 동상이 경기도 연천군에 건립된다는 기사를 읽었다. 2017년 10월에 장남면 고랑포리에 추모공간이 만들어지고 동상이 건립된다.

한국전쟁의 역사 속에서 사라질뻔했던 레클리스 하사의 충정을 영원히 기억하도록 한 것은 당연한 처사이다.

이경류 선생의 애마와 미 해병대 하사, 레클리스의 충정(忠貞)을 돌아보며 작금(昨今)의 인간 세상을 들여다보며 얼굴이 화끈거린다.

이 여름의 열기로 우리의 내면에 쌓여 있는 이기심과 악취를 태워버려 오는 가을엔 우리 사회와 나라에 맑고 아름다운 인간 내면의 충정(忠貞)이 더해 가기를 기원하여 본다.

(2016. 8. 15.)

선글라스 낀 밤

뜨거운 햇살이 온몸을 익히는 듯한 더위다.

찬물로 샤워를 하여도 그때뿐, 땀은 얼굴과 등줄기를 가리지 않고 흐른다. 뉴스에서는 동남아보다 우리나라가 더 덥다는 보도가 나왔다.

더위를 피해 영화를 한편 보러 롯데 시네마로 가고 있다. 한낮이니 햇볕을 피하기 위하여 선글라스를 끼고 가는 중이다. 극장에 도착하여 티켓팅을 하고 시간의 여유가 있어서 백화점 매장을 돌다가 영화관으로 발걸음을 옮겼다. 좌석을 찾아 앉은 후 선글라스를 벗고 안경을 가방에서 찾았으나 없었다. 아예 안경 케이스조차 없었다. 나는 벗었던 선글라스를 다시 썼다. 할 수 없지 하는 체

념으로 혼자 쓴웃음을 지으며 영화를 보았다. 옆에서 관람하는 여자가 힐긋힐긋 보는 시선이 느껴진다. 2시간 30분의 영화 관람을 하고나니 날은 어두웠다. 영화관에서 나오는 사람들 중 선글라스를 쓴 사람은 나 혼자뿐이다. 자신을 생각하니 웃음이 절로 나온다. 시네마가 있는 백화점을 빠져 나왔다. 선글라스를 벗고 지하철을 탈까했으나 물체가 흐릿하고 어른거려서 걸을 수가 없었다. 벗었던 선글라스를 다시 끼고 태연스럽게 지하철을 탔다. 몇몇 사람들이 나를 힐끔힐끔 쳐다보며 좌석에 앉는다. 나도 아무 일 없다는 듯이 빈 좌석에 앉았다.

지하철 밖으로 나오니 완전히 어둠이었다. 사위가 캄캄하다. 그래도 나는 선글라스를 끼고 집을 향하여 걸어야만 했다.

손수건 한 장도 잃어버린 일이 없는 나는 지금의 나를 바라본다. 세월이 오늘의 나를 만들어 놓았는가. 순간의 건망증 증후군인가?

만일 먼 여행길에서 이런 예측할 수 없는 일이 일어난다면, 어떻게 대처하여야할까. 영화관에서 선글라스를 쓰고 영화를 감상할 수는 있다. 또한 밤에 선글라스를 쓰고 다닐 수도 있다. 그러나 외지에서 도저히 감당할 수 없는 일이 나의 건망증 때문에 일어난다면, 상상조차하기 싫다. (2013. 8. 23.)

낙엽 단상(短想)

매일 오르는 산의 색이 하루하루 달라지는 요즘이다.

어제 보았던 떡갈나무 녹색 잎이 오늘은 갈색이 반 이상이나 되었다. 소나무를 타고 기어오르던 담쟁이 넝쿨은 언제 붉어졌는지 모르겠다. 싸리나무 잎들도 덩달아 가을을 타며 짙은 갈색으로 변하고 있다. 상수리나무 잎은 옅은 노란색이다. 벚나무 잎은 부분적으로 붉어지며 가지 끝에 매달려 있고 단풍나무는 산에 붉은 물감을 뿌리고 있다. 숲 사이로 어치, 참새, 휘파람새, 산까치가 드나들며 상쾌한 톤으로 새날을 노래한다. 갈색 토끼와 흰색 토끼가 이른 잠에서 깨어나 낙엽이 되어 이미 떨어진 잎들 속에서 무언가를 찾아 입에 물고 오물거린다. 그들을 힐긋 처다 보며 청솔모 한 마리가 측백나무 위로 쏜살같이 올라간다.

내가 걷고 있는 이 숲에는 많은 잎들이 벌써 낙엽이 되어 오솔길을 덮고 있다. 내가 밟을 적마다 바스락거리며 신음 소리를 낸다. 뒤돌아보며 부서진 낙엽의 모습을 안쓰럽게 바라본다.

갑자기 조영남 가수의 '낙엽이 지는데' 노래가 귓가에 흐른다.

> 마른 잎 굴러 바람에 흩날릴 때/ 생각나는 그 사람 오늘도 기다리네/ 왜 이다지 그리워하면서/왜 이렇게 잊어야 하나요/ 낙엽이 지면 다시 온다던 당신/ 어이해서 못 오나 낙엽은 지는데

녹색 잎들이 낙엽으로 되어가는 색의 변화를 보면서 나는 나의 생에 남겨진 시간을 생각한다. 잎들 중에 2/3 혹은 1/3이 완전히 낙엽의 색깔로 변화 된 것이 있고, 남은 부분은 아직 녹색을 예쁘게 간직하고 있다.

나도 저들처럼 낙엽이 되어 자연으로 돌아갈 텐데. 나의 녹색은 얼마나 남아 있는가. 남아있는 그 녹색을 저 잎들처럼 아름답게 간직하고 싶다. 낙엽이 지면 온다고 약속한 사람은 없으나, 나를 그리워하는 사람을 만나고 싶다. (2016. 10. 22.)

은행나무와 실버들

높아진 하늘이 가을볕에 파랗게 물들어 동해의 바닷물을 보는 듯하다.

시월의 마지막 날을 그냥 보내기에는 너무 아쉬워 친구 몇이서 양평 용문사를 찾았다. 용문산은 이미 단풍으로 옷 입혀져 있어 성장한 여인들의 옷차림같이 화려해 보였다. 우리는 먼저 용문사의 상징인 천 년 이상의 수령을 지닌 은행나무부터 만났다. 헌데 은행잎은 노란색이 아닌 녹색으로 그 위용을 자랑하고 서 있지 않는가. 우리는 은행나무 주위를 돌면서 나무의 위아래를 보았다. 약간 미색을 띤 것이 더러 있기는 하나, 아직 여름 가운데 있는 모습이다. 신기했다. 나무의 손상을 막기 위하여 들어가지 못하도록 나무에서 좀 떨어진 둘레에 줄을 둘러서 쳐 놓았다. 그 줄 사이사이에는 노란 은행잎 모양의 천에 관광객들이 소원을 적어 매달아 놓았다. 나의 친구 중 한사람도 딸 결혼을 시켜야 한다며 그녀의 소망을 적어서 그 많은 기원 속에 한 자리를 만들어 넣었다.

용문사 은행나무 앞에서

계곡물 소리를 들으며 우리는 물의 원천을 찾아 거슬러 올라갔다. 내가 이 산에 왔다 간 것은 8년 전인 것 같다. 볼링을 하는 회원들과 게임이 끝난 후, 승용차 세 대에 나누어 타고 이곳으로 나들이를 왔었다.

점심을 산채 비빔밥으로 먹고 카페에서 녹차를 마신 후 선물가게를 둘러보다가 나는 한지로 만든 손부채에 맘이 쏠려 하나 사가지고 왔다. 이 부채는 지금도 거실에 장식으로 걸려있다.

용문사 은행나무는 천연기념물 제30호로 신라 마지막 왕인 경

순왕의 세자, 마의태자가 나라 잃은 슬픔을 안고 금강산으로 가던 도중에 심었다고도 하고, 신라의 고승 의상대사가 짚고 다니던 지팡이를 꽂아 놓은 것이 뿌리를 내려 성장한 것이라고도 한다. 이 나무는 오랜 세월 전란 속에서도 불타지 않고 살아남았던 나무라 하여 천왕목(天王木)으로 불려지기도 한다. 조선 세종 때에 정3품 이상의 벼슬인 당상직첩(堂上職牒)을 하사 받기도 했다. 조선 고종이 세상을 떠났을 때 큰 가지가 하나 부러져 떨어졌다고 한다.

어제는 월곡산으로 운동을 갔다. 오동근린공원에 흙이 깔린 운동장을 30여 분 걸은 후에 구민체육관으로 갔다. 체육관을 가기 전에 잣나무와 벚나무는 여러 그루가 심겨져 있고 실버들나무는 한그루만 있다. 벚나무 잎은 단풍이 불긋하게 들더니 소슬바람에도 잎이 우수수 떨어져 나무에 매달려 있는 잎을 셀 수 있을 정도이다. 잣나무는 소나무처럼 단풍이 안 든다. 그러나 실버들 잎은 노랗게 단풍이 드는데 11월 중순을 넘기고 있건만 녹색 잎을 여전히 늘어트리고 있다. 실버들 가지에 잎들을 보면서 10월 마지막 날에 보았던 용문사 은행나무가 눈앞에 함께 보였다. 난 고개를 갸우뚱하며 그들이 왜 잎들의 색을 바꾸지 않고 있나 하는 생각이 들었다. 그때에 한 노인의 다음과 같은 말이 떠올랐다.

"인간의 수명이 100세라나. 70세는 노인정에서도 차 심부름을 해야만 한데. 일하는 노인이라야 늦게까지 살아도 서럽지 않은 게야."

천 백년의 수령을 자랑하는 은행나무와 7~80년은 족히 되어 보이는 실버들나무도 인간의 수명 연장을 보면서, 자신들의 계절을 늘리며 그들의 일인, 광합성작용을 하고 있나보다.

100세 시대에 맞게 나도 저들 나무처럼 일을 계속하여야할 텐데. 먼저 나를 어떻게 변화시켜야 할 것인가? 이것이 오늘의 숙제이다. (2017. 11. 22.)

졸혼(卒婚)

눈이 수북하게 쌓인 강원도 고성 산촌 마을에서 70대 초반의 할아버지가 방문을 열고 나와, 마당을 둘러보며 눈을 치우기 위하여 넉가래를 집었다.

할아버지는 5년 전 이곳에 홀로 둥지를 틀었다. 할머니는 할아버지와 함께 살아온 서울 집에서 생활하고 있다. 두 분이 서로 합의하여 따로따로의 삶을 가지고 있다. 할아버지는 퇴직 후 텃밭을 가꾸며 조용히 살자고 하였으나 할머니는 자식들도 만나고 손자, 손녀들도 만나야지 왜 귀양살이를 하냐며 반대를 하였다. 몇 달을 고민하던 할아버지는 할머니에게 자신의 의사를 말하며, 나 혼자 시골에 내려가 살아도 되겠냐고 물었다. 할머니는 그야 말리지 않겠다고 하였다. 두어 달 동안 큰 아들을 데리고 주말이면 농촌과 산촌을 누비고 다니던 차에 지금 이곳을 결정하고 들어왔다.

오랜 도시 생활에서 벗어난 할아버지는 맑은 공기와 산촌이 주는 아늑함과 푸근함에 안겨 할머니를 잊고 지낸다. 퇴직 후 하는 일이 없어 할머니의 삼식이 노릇을 하던 할아버지는 천덕꾸러기 취급을 받았다.

이곳에서 혼자 생활하며 할아버지는 제2의 인생을 살고 있다. 누구의 잔소리도 없고 간섭도 없다. 농사를 짓는 일도 욕심 부리지 않고 혼자 먹을 만큼만 하다가 자식들과 아내 생각이 나면 씨앗을 조금 더 뿌리면 된다. 딸이 아버지 심심하겠다며 삽살개 한 마리를 개집과 함께 할아버지가 고성에 들어온 그달에 사다 놓고 갔다. 이놈이 할아버지를 주인장으로 잘 모시고 있다. 텃밭에서 일하고 마당으로 들어오면 수고 했다고 꼬리를 흔들고 멍멍 짖어대며 반가워한다. 그것이 고마워서 할아버지는 먹이를 듬뿍 개밥 그릇에 채워 넣는다.

요즘은 이 마을에 친구 분들이 생겨서 가끔 식사 초대를 받거나 어촌에 초대받아 싱싱한 회를 대접받는 일도 있다. 할아버지는 이 분들에게 대접하는 것이 있다. 서울에서 할머니가 밑반찬과 연한 불고기 버섯볶음을 가지고 올 때이다. 그러나 할머니는 이삼일 있다가 서울로 귀경한다.

요즘은 이렇게 결혼생활을 유지하는 사람들이 늘어나고 있다. 특히 노년에 이런 생활을 하는 사람이 늘어나고 있다. 이를 졸혼(卒婚)이라고 부른다. 이혼은 아니고 혼인관계는 유지하면서 각자 자기 삶을 사는 것이다. 옛날 조선 시대에도 이런 졸혼이 있었다고 한다. 당시에 흔하던 '유배' 때문이다.

조선시대 문인 유희춘의 일화를 소개한다. 그는 결혼 후 20여 년간 유배생활을 하므로 졸혼을 했다. 유배생활이 끝난 후 그는 다시 관직에 복귀하였으나 아내가 있는 담양이 아닌 한양으로 떠났다. 그러던 중에 지방 관직으로 발령이 났고 그곳에서 생활하였다. 유희춘과 아내는 각자 따로 생활을 했다.

그들은 안부를 묻는 등 서로를 챙겼다. 어느 날 유희춘의 아내가 '너무 오래 떨어져 살았으니 다시 한 집에서 살아보자'라고 제안하여 유희춘은 이를 받아 들여 아내와 함께 생활하였다. 그들이 함께 한 시간은 오래가지 못하였고 2년 후 그는 세상을 떠났다.

유엔미래포럼에 따르면 2040년 이후에는 결혼제도가 붕괴될 것이라는 예측이 나오고 있다. 현재 결혼 연령이 높아지고 있을 뿐 아니라 솔로로 지내기를 원하는 젊은 층이 많아지고 있음도 이를 입증하는 듯하다.

노경(老境)에 이혼이 늘어나는 세태(世態)에서 졸혼(卒婚)은 바람직하게 생각된다. 서로의 삶을 존중하며 가족의 테두리 안에서 자신의 가치와 만족을 찾는 것이니 말이다. (2017. 1. 26.)

방귀와 웃음

흐릿한 잿빛 하늘이 금방 비를 뿌릴 듯하다.

오늘은 미아리 H백화점에서 드로잉을 배우는 날이다. 아침에 운동 삼아 동네 뒷길을 걸어서 그곳 문화센터에 도착하곤 한다.

백팩을 메고 운동화 차림으로 집을 나섰다. 20여 분을 걸어서 비탈진 길을 올라가고 있을 때에 한 할머니가 나를 향하여 내려오고 있었다. 할머니의 손에는 접힌 우산이 들여져 있었다. 나에게서 두어 걸음 떨어졌을까 하는데 방귀 소리가 크게 들였다. 못 들은 척하고 혼자서 피식 웃으며 앞으로 발걸음을 향하고 있었는데 갑자기 뒤에서 "하 하 하~아~아~"하는 웃음소리가 터져 나왔다.

나는 못 들은 척했는데 할머니는 방귀를 뀌고서 웃음소리로 완전히 폭로를 하면서 내려가고 있었다.

요즘 뉴스를 보면 우울한 소식뿐이다. 웃을 일이 없으나 애써 밝은 얼굴을 하고 다닌다. 어두운 모습을 남에게 보이기 싫어서이다. 헌데 이아침에 할머니의 방귀와 웃음이 나를 한없이 웃겼다. 문화센터에 도착할 때까지 내 입가에선 웃음이 사라지지 않았다.

미국의 한 발명가가 개발한 '방귀 차단 팬티'가 있다고 하는데 우리나라에 없어서 다행이다.

오늘 내가 그 할머니를 만난 것은 큰 행운이었다. 모든 시름을 날려 보내고 기쁨으로 드로잉에 열중할 수 있었다. 수업을 끝내고 문화센터 밖으로 나왔을 때는 비가 내리고 있어서 준비해온 우산을 폈다. 비가 내리고 있으나 나의 가슴에 내리는 빗방울은 없었다.

할머니의 하루도 즐거웠기를 바라며 귀갓길을 걸었다.

(2017. 4. 17.)

따듯한 손길

캄캄한 어둠 속에서 한 미화원이 쓰레기를 수거하고 있었다.

그는 쓰레기봉투를 집어 들고 세워둔 손수레로 향하고 있었다. 이때 털모자를 쓴 한 남자가 큰소리로 외쳤다.

"잠깐만 기다리세요."

그 소리를 들은 미화원은 손수레에 쓰레기봉투를 던지고 멍하니 서서 그 남자의 뒷모습을 바라보고 있었다. 소리를 질렀던 남자는 25시 편의점에서 김이 모락모락 올라오는 커피를 들고 나와 미화원을 향해 걸어갔다.

미화원은 재빨리 그를 향하여 걸어가서 그가 내미는 커피 잔을 받으며 "고맙습니다."하는 말과 함께 고개를 숙였다.

영하 12도의 새벽에 찬바람까지 불어와 체감온도는 17도를 넘는다는 일기예보가 어제 발표되었다.

날씨가 추워서 걷는 운동을 못하니 목욕이라도 가서 몸을 풀려고 차를 몰고 나오다가 이 광경을 목격하였다. 나는 길가에 차를 세워 놓고 이 광경을 지켜보았다. 그들을 보며 내 가슴까지 따듯해졌다. 작은 배려이나 이 새벽에 수고하는 미화원을 향한 그 남자분의 가슴이 온정으로 넘쳤다.

따듯한 커피로 몸을 녹이고 있는 그 미화원을 바라보며 나는 차를 몰아 목욕탕으로 향했다. 주위를 바라보지 못하고 나만 향한 이 이기심을 언제 비울 수 있을까 하는 자책을 한다.

쓰레기 수거에 애쓰는 모든 미화원이 이 겨울을 탈 없이 잘 지낼 수 있기를 기원하며, 이 새벽에 훈훈한 손길로 미화원의 찬 몸을 녹여 준 그분에게도 건강과 축복이 함께 하기를 빈다.

(2017. 12. 17.)

그늘

여름 한낮에 큰 느티나무 그늘 밑 의자에 앉아 쉬는 것은 생각만 하여도 시원한 느낌이 든다.

캘리포니아는 사철 기온이 따듯하여 미국 모든 주 중에서 가장 선호도가 높은 주이다. 허나 인디언 섬머(Indian Summer)가 오면 땀이 몸을 후줄근하게 만든다.

그러나 나무 그늘에 들어가면 모든 열기를 잊고 시원하게 시간을 보낼 수 있다. 한 마디로 햇볕을 가려주는 그늘은 더운 여름날에 청량 음료수처럼 우리의 몸을 상쾌하게 하여 준다.

그늘(shade)에는 다음의 두 가지 뜻이 더 있다. 그중 하나는 부모님의 보살핌(paternal care)으로 큰 도움을 받는 자녀들에게 그늘이 있다고 한다. '부모님의 그늘로 그 사람은 크게 성공할 수 있다고 한다.'라는 말을 할 수 있다.

또 다른 것은 고난의 의미가 있다. 나는 인생의 그늘을 극복하고 성공한 두 사람을 소개하고자 한다.

한 사람은 우리가 잘 알고 있는 독일 음악가 베토벤(1770~1827)이다. 그는 32세부터 청력을 잃었다. 음악을 하는 사람으로서 청력을 잃어가는 것은 인생의 끝이라고 볼 수 있다. 그러나 그는 더욱 훌륭한 작품들을 만들어냈다. 즉 교향곡 5번 '운명' Symphony No.5 in C Minor Op.68은 그가 청력을 거의 상실했을 때에 작곡한 곡이다. 이 곡을 처음으로 공연한 곳은 것은 1808년 12월 오스트리아 빈이었다. 그밖에 Romance No.2 in F Major Op. 50(1804)와 Violin Sonata No.9 in A Major Op.47〈Kreutzer〉(1803)등이 있다. 후에 안 일이지만 그가 청력을 잃은 것은 그의 뇌에 고름이 차 있기 때문이었다고 한다. 그 고통이 얼마나 컸을까 우리는 짐작하기도 어렵다. 그 아픔을 참고 작품 창작에 더욱 몰두하였던 것이다.

또 한 사람은 아홉 살 때 전신 화상(火傷)으로 죽다 살아난 남자, 존 오리어리(39세)라는 미국 사람이다. 그는 1987년 1월, 자기 집 차고에서 불장난을 하다가 전신 화상을 입었는데 몸의 87%는 3도 화상이었다. 생존 확률은 1%도 안 되었다. 수술과 손가락 절단, 피부이식 등, 치료와 재활을 거쳐 소년은 기적적으로 살아났다. 그가 쓴 '온 파이어(On Fire)'는 미국에서 베스트셀러가 되었다. 모 일간지 기자가 미국 세인트루이스에 살고 있는 그를 만났을 때 그는 "내가 겪은 화재는 슬프거나 나쁜 일이 아니라 일종의 선물이었다."고 했다. 그는 세계적인 강연자로 해마다 10만여 명에게 '삶'을 강연하고 있다. 오리어리는 결혼하여 4남매를 두고 있다. 화재 당시에 온전했던 것은 그의 두피(頭皮)뿐이었다고 한다. 그래서 피부 이식은 다 두피에서 떼어낸 것이란다. 그는 다음과 같은 말도 했다.

"제가 쓴 책, 『온 파이어』는 제 이야기를 떠벌리려고 쓴 책이 아닙니다. 살다보면 누구나 이런저런 흉터가 생겨요. 독자에게 말을 걸고 용기를 북돋우고 싶었어요. 마치 거울 앞에 서듯이 저마다 자신의 그늘진 과거와 만나고 남에게도 꺼내 보여줄 수 있다면 그것은 더 이상 흉터가 아닙니다."

그는 그의 삶에서 가장 큰 성공이라면 무엇이냐고 묻는 기자에게 "살아 있다는 겁니다. 정신적으로 터무니없이 부유해졌어요. 그것이야말로 성공이죠."라고 말했다.

베토벤과 존 오리어리는 삶의 그늘을 빛으로 옮겨 놓은 사람들이다.

나의 삶 속에도 그늘이 드리워져 고통 가운데 있었던 때가 있었다. 이는 베토벤이나 존 오리어리에 비할 수는 없지만 사춘기의 나에겐 큰 쇼크였다.

아버지가 사업을 하시던 중에 사람을 잘못 만나 전 재산을 잃게 되었을 때이다. 나는 학업까지도 포기하고 적은 돈이라도 벌기 위하여 사회에 던져졌다. 당시 명동에 위치한 무역회사에서 사무실 청소와 잔심부름을 하였다. 일 년이 지나도 아버지의 사업은 회생될 기미가 보이지 않았다. 할 수없이 반년을 더 일하고 고등학교 일학년 과정을 배우지 않고 이학년 12월말에 편입하여 학업을 계속할 수 있었다. 내가 학업을 중단한 때는 고등학교를 무시험으로 합격하여 일학년을 한 달 간 다니다, 입학금을 못 내어 공립여고 M학교 교장인 C로부터 자퇴를 권고 받았을 때이다. 당시 C 교장은 나에게 한 달 간의 유예기간을 배려하여 주었으나 입학금을 내지 못하자 결국 나에게 통고하였다. 크리스천인 나는 믿음으로 그 어려운 시간을 극복할 수 있었다.

오늘날에도 그늘에 처해 있는 수많은 사람들이 있다. 그 그늘이 크든 작든 간에 사라지는 시간이 있으므로 그때까지 믿음과 희망을 잃지 않고 햇빛이 비치는 그때를 밝은 마음으로 고대하기를 바란다.

또한 나도 힘든 사람들에게 나무 그늘 같은 사람이 되기 위해 더욱 노력하려 한다. (2017. 5.)

규방문화와 목가구 전시회

'Gyubang Culture and Wooden Furniture'

한 낮이나 따갑지 않은 햇살이 적당히 내려앉고, 거리도 붐비지 않아 인사동에서 명동을 거쳐 회현동에 있는 신세계 본점까지 걸어가는데 무리가 안 되었다. 명동으로 들어가기 전 청계천을 지날 때에는 맑은 물이 소리를 내며 시내 한 복판을 흐르는 모습에 푹 빠져 넋을 잃고 다리 위에 한동안 서 있기도 했다.

신세계 백화점 12층 문화 홀에서 규방 문화와 목가구 전시회가 9월 13일인 오늘부터 열린다. 백화점에 도착하자마자 문화홀로 직행하였다. 전시회가 열리고 있는 이곳에는 외국인 세 명과 내국인 네 명이 홀을 돌고 있었다.

외국인 세 명은 알록달록한 천에 수를 놓아 반짇고리 위에 얹은 조각보와 그 옆에 놓여 있는 전화로, 부손, 부젓가락, 인두 등을 카메라에 담으며 "원더풀, 원더풀"하였다. 그 뒤에는 긴 목가구가 벽면에 놓여 있었고 그 한끝에는 좌경이 놓여 있었다. 내국인들은 장식미를 갖춘 장과 농뿐만 아니라 화장구와 장신구에까지 고루 관심을 보이었다.

나는 개인 소장품으로 내어 놓은 부채에 관심이 쏠렸다. 검은색의 부채와 화각합죽선의 부채는 19세기 여인들이 사용했다. 이 부채들은 서민층의 여인들이 사용했던 것 같지는 않았다. 그 화려함과 장식이 범상치 않았기 때문이다. 또한 19세기 후반에 여인들이 사용했다는 자수골무와 바늘을 꽂는 바늘방석도 여러 색깔의 비단 천을 맞추어 꿰맨 후 그 안에 솜을 넣어 봉긋이 만들어 놓았다. 바늘을 꽂는 것이 아까워 보인다. 그 색의 아름다움과 바느질 솜씨로 보아서 마치 여인들의 노리개를 만들어 놓은 듯하다.

색으로 보는 조선시대의 규방문화 조각보는 완전히 미술영역을 방불케 한다. 쓰다 남은 색색의 천 조각을 이어서 만든 것이나 그 완성품은 완전히 여인들의 창작품이다. 이 창작품을 만들면서 여인들은 기쁨과 자유를 누리지 않았을까 하는 생각이 든다. 남자들의 위세와 억눌림 속에 집안의 살림에만 온 삶을 바쳤던 여인들 아니었던가.

요즘 해외 명품 백을 보면서 조선시대의 규방 창작품을 만날 수 있다.

자수를 넣은 디올 백, 누빔을 적용한 샤넬 백, 에르메스의 비닐백은 조각보를 해체하여 만든 것 같다. 그 명품 백들은 마치 그들이 19세기 조선시대의 규방문화에서 나온 조각보를 보고 얻은 아이디어로 만들지 않았을까 하는 착각이 든다. 다음으로 나의 시선을 끈 것은 여러 가지 목 가구 중에 나지막한 키에 양끝이 살짝 올라간 경상이었다. 경상 위에 두루마리 책을 올려놓았을 때에 그 책이 떨어지지 않도록 하기 위하여 양끝을 평평한 중앙보다 약간 높여 놓았다. 이 상은 16세기 후반에 사랑방에서도 사용했다. 규방은 옛 시대의 생활공간이며 문화와 가정교육이 시작되어 가풍을 만든 곳이다.

21세기 우리의 가정을 돌아보며 19세기 규방문화를 그리워한다. 오늘의 아녀자들은 규방에 머물러 있는 시간이 얼마나 되는가? 우리의 자녀들이 가정교육과 가풍을 배울 시간이 있는가? 결혼하여 경제적인 활동에 여인들이 참여하거나 자신들의 취미활동이나 개발을 위하여 규방은 거의 비어있다. 규방에서 조각보를 만들며 화로에 인두를 곶아 두고 바느질을 하던 규방문화를 이룬 어머니의 모습을 보고 자란 아이들과 오늘날 밖에서의 활동이 많아 어머니가 규방에서 허둥지둥하며 생활하는 모습을 바라보는 아이들과는 엄청난 차이가 있다.

규방문화와 목가구를 돌아보며 조선시대의 차분하고 안정된 분위기에 젖어 잠시 즐거웠던 나는 문화 홀을 나오면서 우리의 현실을 직시하며 무거워진 마음을 가지고 에스컬레이터에 발을 올려놓았다. (2013. 9. 13.)

한국은 아직 살만한 나라

6월 2일 위암으로 이 세상을 떠나면서 김홍경 씨가 한 말은 "한국은 아직 살만한 나라입니다. 도와주신 분들께 감사합니다." 이다.

그는 세월호가 왼쪽으로 기우렸을 때 맨 위 5층 오른쪽 끝 방에 있었다. 그는 쉽게 탈출할 수 있었지만, 구명조끼 몇 십 벌을 아래층 단원고 학생들에게 던져주었고 커튼을 찢고 소방 호스를 풀어 만든 밧줄로 스무 명 넘게 끌어 올렸다.

몇 달 동안 불면증에 시달리던 그는 작년 말 위암 진단을 받고 국립암센터에서 투병을 해왔다. 배관 기술자인 그는 배에 실었던 승합차와 장비를 잃었다. 그가 1년 뒤에 승합차 값으로 정부로부터 받은 것은 530만 원이였다.

세상이 그를 잊고 있을 때에 조선일보 기자가 지난 달 암센터로 그를 찾아갔다. 그의 현재 상황을 자세히 보도하였다. 당시 김홍경 씨는 이 나라에 대한 섭섭함과 민간단체상도 사양했던 것을 밝히면서 한국에선 목소리가 커야 하나보다고 후회했다는 이야기를 실었다. 기사에는 세월호 구조 당시의 건강했던 김 씨의 모습과 투병 중 야윈 모습의 사진이 함께 실었다. 이 기사가 세상에 알려지자 시민 100여 명과 사회복지공동모금회와 국립암센터가 돕겠다고 했다. 이 소식으로 인하여 싸늘하여져 가는 그의 가슴에 온기가 돌았고 감사가 생겼다. 병을 이겨 성원에 보답하겠다는 말도 하였다. 허나 그는 병을 이기지 못하였고 죽음을 맞이하였다. 임종을 하면서 마지막까지 감사하다며 눈을 감았다는 부인의 말을 들으며 공자의 말이 떠올랐다.

"子曰 德不孤 必有隣(자왈 덕불고 필유린)"이라 덕은 외롭지 않고 반드시 이웃이 있다는 뜻으로 논어에 나오는 한 구절이다.

메르스(Middle East Respiratory Syndrome) 때문에 온 나라가 혼돈과 침체에 빠져 있던 잔인한 6월 한 달이었다. 사우디아라비아를 다녀온 1호 남자가 가지고 온 바이러스는 이 남자가 이 병원 저 병원에 다니면서 천파만파로 퍼져 나갔다. 두려움과 공포에 빠진 국민들은 외출을 삼가고 모든 모임은 취소되었다. 국가 경제를 위축시킨 또 하나는 해외에서 오는 관광객 수만 명이 일정을 취소하는 소동이 일어났다. 한국여행을 자제하라는 경고까지 외국에서 나왔다. 의료선진국인 한국이 무참하게 추락하는 모습을 보았다.

그러나 이는 메르스를 듣지도 보지도 못한 보건당국과 각 병원의 무방비 상태에서 야기되었다. 이러한 혼돈 가운데서도 목숨을 걸고 최선을 다한 의료진이 있기에 회복되어 퇴원하는 환자가 많아졌고, 국민들은 점점 안정을 되찾아 가고 있다. 얼마 전에 '임종편지'라는 기사를 읽었다. 부인이 메르스 환자로 중환자실에 있어서 면회도 안 되는 상태에서 임종을 맞게 되었다. 남편은 생각 끝에 부인에게 편지를 쓰기로 했다. 그리고 그 편지는 간호사를 통하여 부인에게 읽어 주었다. 이후 부인은 임종을 맞이하였다. 그래서 그 편지는 '임종편지'라는 이름이 붙게 되었다. 부인의 남편은 장례를 치룬 후 간호사에게 감사하다며 수고한 분들과 함께 식사라도 하라며 봉투를 병원으로 보냈다. 이봉투를 받아 든 수간호사는 너무 힘들어서 간호사를 그만두려고 하였는데 이렇게 고마움을 가진 분들이 계시니 더욱 열심히 하여야겠다는 말을 남겼다고 한다.

위의 두 기사를 읽으면서 TV나 신문, 방송이 우리에게 얼마나 큰 영향을 미치는가를 깨닫는다. 우리 사회를 추락시키고 분열시키는 한 원인으로 매체의 편파적, 부정적인 보도와 선동이다. 모든 것을 긍정적으로 받아들이라는 말은 아니다. 사실을 좀 더 냉철히 이해하고 판단하여 보도해야 한다는 말이다. 옛날에도 전염

병은 돌았다. 폐렴으로, 페스트로, 장티푸스, 홍역 등으로 말이다. 요즈음은 홍콩독감을 조심하여야 한다고 한다. 560명이 죽었다. 우리나라에서 메르스로 죽은 사람은 35명에 불과하다.

남을 배려하고 도우려는 정(情) 있는 사람들이 많은 우리나라, 대한민국은 아직 살만한 나라임에 틀림이 없다. 외국인들이 한국에 와서 살아보고 떠나지 않으려는 것은 이 때문이 아닌가 한다.

(2015. 7. 8.)

대한민국과 한글의 비전

삼천리 반도 금수강산이라는 말은 우리나라를 두고 한 말이다 삼천리 반도가 비단에 수놓은 듯이 아름다운 땅이라는 뜻이다.

백두산 천지부터 제주도 한라산 백록담까지의 사계절 모습을 바라보는 이들은 삼천리 반도 금수강산을 의심치 않는다.

이 아름다운 강산은 70년 전 분단되어 남과 북으로 갈라졌다. 이는 우리 한민족의 뜻에 반하는 결과였다. 그럼에도 우리 한민족은 이 분단의 선을 끊지 못하고 70년을 이산가족으로 슬픔과 고통 속에서 스스로 갇혀 살고 있다. 이제 우리는 그 선을 거두어야겠다. 분단의 선을 우리의 후손들에게 넘겨서는 절대 안 된다. 이 일을 대한민국이 하여야 한다. 먼저 대한민국이 하나 되는 모습이 보고 싶다. 옛날 정치인들이 한 말이 생각난다.

'뭉치면 살고 흩어지면 죽는다.'

요즘 나는 텔레비전을 보거나 신문을 읽지 않는다. 왜냐하면 서로가 흠잡기 대회에 나온 사람들처럼 혈안이 된 어기뚱한 사람들이 많기 때문이다. 우리나라에는 괜찮은 사람들도 많이 있건만 남을 칭찬하는 사람을 보기가 어렵다. 이와 같은 현상은 세종대왕이 1443년 훈민정음을 완성하고 1446년 10월에 반포하였을 때도 일어났다. 훈민정음을 언문(諺文), 언서(諺書), 반절(反切), 암클 등으로 불리는 모욕을 당했다. 훈민정음이란 "백성을 가르치는 바른 소리"라는 뜻이다. 세종대왕은 문맹률이 높았던 당시에 백성들이 글로써 서로 소통하지 못함을 안타깝게 생각하는 연민의 정이 있었다. 다음은 훈민정음 서문을 해석한 것이다.

'나라의 말소리가 중국과 달라서 문자를 가지고 서로 통하지가 않는구나.

어리석은 백성이 말하고자 하는 것이 있어도 끝내 그 뜻을 알지 못하는 자가 많도다. 내가 이를 위해 불쌍히 여겨 새로 28자를 만들었으니, 사람들로 하여금 쉽게 배워 매일 사용함에 편하게 하고자 할 따름이다.'

훈민정음을 창제할 때는 초성 17자, 중성 11자로 모두 28자였으나 초성의 3자와 중성의 1자가 폐기되어 오늘날에는 24자만 남아 쓰이고 있다.

세종대왕 덕분에 남과 북은 훈민정음의 '한글'을 서로 써서 분단 70년이 되었건만 서로 소통하고 있다. 이는 세종대왕께서 한민족에게 남긴 세계적인 업적이다. 세계에서 한글을 가르치는 학교가 네덜란드 레이던 대학교(Leiden University,1575년 설립)를 비롯하여 1,000여 개의 학교가 있음을 보며 우리나라의 앞날을 짐작할 수 있다.

핵 보유로 인하여 예측하기 어려운 북한이지만, 경제적인 차이는 남한(대한민국)이 북한 경제의 30배 정도 차이를 보이고 있는 것이 현실이다. 그러나 대한민국은 이 모든 것을 극복할 수 있는 저력이 있는 나라이다. 1950년 6월 25일 북한의 침략으로 인한 전쟁에서 폐허가 된 대한민국을 산업화와 IT강국으로 만들어 세계 경제대국 반열에 올려놓은 것이 우리들 아닌가.

국민의 마음이 오직 한곳을 향하여 달릴 때 통일은 물론 국제사회에 큰 도움을 주는 비전 있는 금수강산 한반도가 될 것이다. 또한 한글은 세계 공통어가 될 것이다. (2015. 6. 25.)

우리가 만든 '봄' 전시회를 보고

미세먼지가 하늘을 휘 뿌옇게 뒤 덮고 있었던 어제 보다는 오늘의 하늘이 맑아 보인다. 그래서인지 인사동은 사람들이 꽤 몰려다니고 있었다.

아침 10시 경 인사동에 있는 아트센터에 도착했다.

1, 2층에서 전시하고 있는 우리가 만든 '봄'을 보려고 왔다. 이 전시회는 미술을 좋아하는 한 기업인의 호의로 이루어진 것이다. 6명의 젊은 화가들이 자신들의 작품을 출품하였다. 화가들은 이 인연이 한국 미술사의 한 궤적으로 남기를 기원하고 있었다. 2017년 3월 자신들이 만든 '봄'을 결코 잊지 못할 것이라 했다. 6명의 작가가 보여 준 작품의 평을 미술평론가 H 씨가 썼다.

K, Y, H 씨는 제약 없는 자유로움을 표현했다고 했고, 화가 자신은 "한 순간의 감정이, 선이나 색이 되어 흰 여백 위를 날아다니거나 때론 자연의 이미지나 형상으로 시공을 넘나든다."다고 했다. 퍽 추상적이다. 이는 그의 작품 '13시간 동안의 비행'과 '비상', '내 마음 속의 풍경'에서 보여준 듯하다. G. Y. B 씨는 한국적 풍토와 정서를 나타내었다는 평을 받았고 화가 자신도 자신의 그림은 풍토적 기질에서 왔다고 했다. '코리아 판타지', '대길오오', '나타샤와 흰 당나귀' 등이 있었다. 코리아 판타지는 배한 척에 말이 앉아 있고 말 등에 호랑이가 타고 있다. 초생 달이 그 위에 걸여 있다. 대길오오는 큰 호랑이 위에 작은 호랑이가 물구나무서기를 하고 있으며 그 위에 더 작은 호랑이가 앉아 있다. 물구나무를 선 호랑이 주변은 꽃으로 둘러있다. 나타샤와 흰 당나귀는 흰 당나귀에 초록색 원피스를 입고 빨간 꽃을 손에 든 나타샤가 초록색 모자를 쓰고 당나귀 옆에 기대어 서 있는 모습이다.

K, S, H 씨는 한국적 감성과 극사실적인 표현을 조합하여 동양의 정신적인 신비로움을 표출하려고 했으며 이에 조형성을 통해서도 정신적인 내면의 세계가 본인의 정체성을 찾게 했다. 그의 작품에는 노리개, 매듭, 비녀, 은장도, 족두리, 보자기, 조각보 등이 자주 등장한다. '소중한 메시지'로 그의 작품명은 일관되었다. 그의 작품에 코카콜라가 그려진 보자기와 오방색 전통보자기가 돋보였다. O, H, S 씨는 눈에 보이는 형상을 재현하지 않고, 물감

이 빚어낸 순수현상에 번지다 서로 만난 색채의 효과와 지우고 문지르기를 통한 감각의 체험을 그려 넣었다. 그녀의 작품명도 모두가 'The space of sense'이다.

Y, Y, S 씨는 '와인 잔에 철학을 담다(Philosophy in the Wine Glass)'라는 주제로 와인 잔에 꽃들을 그려 넣어 아름다운 구속이라는 표제를 달았다, 와인 잔도 그 속에 담겨진 꽃들도 퍽 입체적이다. 와인 잔은 다 거꾸로 배치하였다. 이것이 모순적인 인간의 현실에 역설적인 표현인지 모르겠다. 화가 자신은 그렇다고 하는데….

마지막으로 L, K, S 씨의 작품을 보았다. 그녀는 한지를 여러 번 중첩한 후 토분과 분채를 덧입히거나 오브제를 결합시키는 방법론을 쓰고 있다. 자연과 풍경 이미지에 대한 관심이 높다. 그녀는 대지(大地)는 짧은 호흡, 때로 긴 숨으로 생명을 품어낸다고 하며 자연 속 생명도 그 관계 속 흔들림으로 생명을 계속하듯 우리네 인연도 그 흔들림으로 꽃도 피우고 역사를 이룬 다 했다. 인간과 자연은 무척이나 닮아 있다. 작품, '고요한 산', '숲(Forest)'의 네 작품은 각각 한지에 흙과 채색을 썼다.

고요한 산은 검은 색 바탕에 달을 하얀색 원으로 띄워 놓았다. 흙과 채색을 사용한 숲의 그림은 네 작품이나 각각 다른 느낌을 주는 채색을 사용하였다. 각 그림에서 사용된 선이 돋보인다.

요즘은 어두운 뉴스가 답답한 우리의 마음을 더욱 어둡게 하고 있는데, 한 기업인의 따듯하고 배려하는 마음이 넉넉지 않은 화가들의 꿈을 펼칠 수 있게 하여, 그들뿐 만 아니라 나에게도 잊지 못할 2017년의 '봄'이 되었다. (2017. 3. 29.)

인생 만세(Viva la Vida)

검은 구름이 장대비를 쏟아 붓고 있다.

거리에는 우산을 받쳐 들은 사람들이 도랑처럼 흐르는 빗물에 신을 적시며 걷고 있다. 가로수도 몸을 가누지 못하고 가지를 휘청거리며 빗물과 바람에 몸을 맡긴 체 간신히 지탱하고 있다.

이 궂은 날에 멕시코 천재화가이며 초현실주의 화가인 프리다 칼로(Frida Kahlo)의 작품 해설과 함께 낭만적인 라틴 음악회가 H 백화점 문화 홀에서 열릴 예정이라 한 달 전에 예매를 하고 오늘 그곳을 향해 가고 있다.

문화 홀에 도착하였을 때는 많은 사람들이 홀을 가득 메우고 있었다.

시간이 되자 프리다 칼로의 자화상이 화면에 크게 보였고 음악 감독인 C 씨가 나와서 각 파트를 맡은 연주가와 솔리스트를 소개하며 인사를 하였다.

프리다 칼로는 독일 태생의 사진작가 기예르모 칼로, 아버지와 멕시코인 어머니 사이에서 셋째 딸로 태어났다. 프리다는 아버지가 지어준 이름으로 '평화'라는 뜻이다. 그녀는 꽃 장식을 한 여성을 잘 그렸다. 일자 눈썹에. 이는 그녀의 자화상이다. 그녀의 작품 155점 중 50점이 자화상이다.

프리다 칼로는 나를 그린 것은 내가 혼자일 때가 많았고, 내가 가장 잘 아는 것이 나이기 때문이라고 했다. 그녀는 6세에 소아마비를 앓았고 18세 때 연인과 버스를 타고 가다 전차와 충돌사고가 일어나 왼쪽 다리가 골절되었다. 그뿐만 아니라 버스 손잡이

철제 봉이 허리에서 자궁까지 관통하여 일생동안 척추 수술 일곱 번에 서른두 번의 수술을 하였다. 그녀의 육체를 지탱해 주는 것은 강철 코르셋이었다. 이러한 육체적인 고통에 정신적인 절망까지 프리다 칼로에게 다가왔다. 21살 차이에도 불구하고 디에고 리베라(Diego Rivera)와 1928년 결혼했다. 그녀는 죽도록 그를 사랑했다. 그는 멕시코 최고의 화가였으나 바람둥이였다. 디에고 리베라와의 결혼생활에서 생긴 아이를 세 번이나 유산한 프리다. 설상가상(雪上加霜)으로 남편이 여동생과 불륜의 관계를 가지고 있는 것을 안 프리다 칼로는 이혼을 한다. 이때 그녀는 디에고가 좋아하던 그녀의 긴 머리를 자르고 남자처럼 짧은 머리를 한 자화상을 그렸다. 이는 자신의 여성적 매력 파괴와 함께 참담(慘憺)했던 그녀의 심정 표출이리라. 그러한 상황에서도 그를 잊지 못하던 그녀는 자화상에서 그녀의 이마 가운데 디에고의 얼굴을 그려 넣었다.

라틴 음악으로 '검은 눈물', '여인의 향기', '열정의 탱고', '키사스 키사스 키사스', '베사메 무쵸' 등이 피아노, 전자 콘드라 베이스, 기타, 바이올린, 드럼, 아코디언 연주에 맞춰 재즈 성악가의 힘차고 발랄한 음성이 홀을 메운 방청객들을 매료시켰다.

모든 해설이 끝나고 음악회가 끝났으나 관중들은 일어나지 않고 앙코르를 세 번이나 요청했고 뮤지션들은 친절하게도 이에 응답하였다.

프리다 칼로는 1907년 7월 6일 태어나 1954년 7월 13일 사망하였다. 그녀는 교통사고를 당하고도 "나는 아픈 것이 아니라 부서진 것이다. 그러나 그림을 그리는 것은 행복한 것이다. 내가 그림을 그릴 수 있는 한 행복하다"라고 했다.

그녀는 또한 평생소원 세 가지를 다음과 같이 말했다.

'첫째, 디에고 리베라와 함께 사는 것, 둘째, 그림을 계속 그리는 것, 셋째, 혁명가가 되는 것이다.'

그녀는 원숭이, 개, 앵무새를 좋아했다고 한다. 이는 그녀 가까이에서 그녀를 해치지 않고 외로움에서 잠시나마 탈출할 수 있는 동무가 되어 주어서가 아닐까 하는 생각이 든다.

프리다 칼로의 짧은 생애는 고통과 절망(絶望)뿐 이었으나 그녀는 이 모든 것을 그림으로 승화시켜 아름다운 삶을 남기고 갔다. 이는 그녀의 다음 말에 함축되어 표현되었다.

"인생 만세(Viva la Vida)"

프리다 칼로처럼 현실이 주는 아픔과 실망 가운데서도 우리는 인생 만세를 부르며, 승리하는 인생이기를 바란다.

(2016. 7. 5.)

6부

그분의 선물

나의 등단을 늦춘 L시인

영문학을 전공한 나는 학창시절부터 작가의 꿈을 가지고 있었다. 1960년대 각 대학교에서는 개교기념일에 문학 행사가 꼭 끼어 있었다. 우리 학교에서도 그 행사는 예외가 아니었다. 그때마다 나도 시 낭송에 참가 했다. 자작시를 낭송해야 하므로 개교기념일이 다가오면 시를 쓰는 일이 고민거리가 되었다. 당시 교양과목 지도 교수로 박목월 선생님이 계셨다. 시가 완성되면 박목월 선생님 강의가 있는 날을 기다려 선생님을 만나서 조언을 받곤 했다. 소설가로는 안수길 선생님과 박종화 선생님도 만났다. 안수길 선생님한테는 단편소설을 써서 감수 받기도 했다. 이 소설은 영어로 써서 코리아 헤럴드에 응모하였으나 당선되지는 못했다.

대학을 졸업하자마자 서울에 있는 여자 중·고등학교에서 영어교사로 교편을 잡았으나, 1973년부터는 연세대학교 연세의료원에서 행정실장으로 근무하게 되어 문학과는 동떨어진 생활을 하게 되었다. 그러나 연세의료원 원목실에서 발행되는 월간 『세브란스』지에 영시를 번역하거나 나의 시나 수필을 계제하는 기회를 얻을 수 있었다. 이를 계기로 틈틈이 시를 써서 70여 편을 모았다.

어느 가을 날 대학 은사를 만나 식사를 하면서 시집 출판을 말씀드렸더니, 서울대학교 김윤식 교수가 처남이니 부탁해서 원고를 보고 L 시인에게 넘기자고 했다.

그 자리에서 김 교수에게 전화하고 L 시인에게도 전화를 하여 그 다음 토요일에 종로에 있는 다방에서 두 분을 만나기로 약속을 잡아주셨다. 그날 원고뭉치를 큰 봉투에 넣어 가지고 갔다. 먼저 김 교수님께서 원고를 일일이 보시고 교정하여 주신 후 L 시인에게 넘겨주었다. 당시 출판사에 몸담고 있던 L 시인에게 "좋은 시집을 만들어 주게나."하며 김윤식 교수는 부탁까지 하셨다.

그 후 나는 일상으로 돌아와서 바쁜 직장생활을 하였다. 당시 자녀들도 어려서 귀가하면 아이들의 숙제와 학교생활을 체크해 주다보면 잠 잘 시간이 늦어지곤 하였다. 이렇게 일 년 가까이 지나도록 시집 출판을 까맣게 잊고 있었다. 낙엽이 떨어져 발밑에서 부서지는 모습을 본 늦가을 날에 문뜩 시집출판이 궁금하여졌다. 바로 L 시인에게 전화를 하였다. 그는 머뭇거리며 죄송하다는 말부터 꺼냈다. 그의 멈칫거림이 맘에 걸려서 "일이 많으셨나보죠? 천천히 만들어 주세요."하고 그에게 말했다.

그러나 엉뚱한 그의 변명을 들었다. 우리가 만난 날이 토요일이었는데 그날로 지방에 내려 갈 일이 있어서 나의 원고 뭉치 봉투를 가지고 고속버스를 탔다고 했다. 장시간 가야 돼서 고속버스 선반에 봉투를 얹어 놓고 졸면서 가다가 내려야 할 정거장 안내 방송이 나와서 나의 원고 봉투는 버스 선반에 놓아둔 채, 급히 버스를 내렸다. 지방에서 일을 다보고 출판사에 연락할 일이 있어서 전화하려고 할 때, 나의 원고 봉투가 생각났다고 한다.

그 다음날 황급하게 고속버스에 연락 하였으나 그는 원고 뭉치를 찾지 못했다고 했다.

"김 선생님! 죄송합니다. 큰 죄를 졌습니다. 미안해서 연락도 못 드렸습니다."라고 그는 머리 숙여 사죄를 해왔다.

이 사건은 1979년에 일어난 일이다. 그때에 시집이 발간되었다면 난 시인으로 31년 전에 등단하였을 것이다. 이 때문에 2010년에 늦깎이 시인으로 난 등단하였다.

38년이란 긴 세월이 지났으나 L 시인에 대한 분노와 원망의 흔적이 나의 가슴에 흐릿한 자국으로 남아있다.

(2017. 8. 23.)

정유년(丁酉年)의 꿈

동해의 어둠 속에서 찬란한 해오름이 시작되었다.

검은 수면에는 금빛 햇살이 넘실거리며 사위는 밝아지기 시작한다.

정유년이 "꼬고 ~댁."하며 나를 잠에서 깨어나게 한다.

닭을 보면 아들의 초등학교 시절이 생각난다.

일 학년에 입학했을 때 아이는 세 마리의 노랑 병아리를 고사리 같은 손에 조심스럽게 들고 왔다. 남편은 종이 상자를 구하여 병아리 집을 만들어 주었고 그 안에 모이 집과 물그릇을 놓아 주었다. 모이와 물은 아들에게 주게 하고 병아리를 잘 키워 보라고 했다. 아들은 싱글벙글하며 병아리 집을 수시로 들여다보며 모이와 물을 채워 주었다.

일주일이 지나자 병아리 한 놈이 잘 걷지를 못하고 눈을 감았다 떴다 하더니 그다음 날 두 다리를 쭉 뻗은 채 죽어 있었다. 아침에 학교 가기 전, 병아리 집을 들여다보던 아이가 "앙앙 ~" 울며 병아리가 죽었다고 눈물을 뚝뚝 떨어트리며 슬픔에 젖어 있었다.

"승철아! 어제 밤이 추웠나보다. 저쪽 향나무 밑에 묻어 주고 학교에 가거라."

나는 아들을 따듯하게 품어 주고는 출근 하였다.

퇴근하여 집에 들어서니 아이는 감나무 아래에 놓여 있는 병아리집 앞에 웅크리고 앉아 남아 있는 두 마리를 바라보며 한 손으로 그 노란 깃털을 쓰다듬고 있었다. 그 후 사흘이 지났을까 또 한 놈이 비실거렸다. 걱정이 앞섰다. 아들이 아파할 심정을 생각하며 나 또한 병아리 상자 앞에서 떠나지를 못했다.

그러나 그 병아리는 이틀 후 죽었다. 남은 한 마리는 건강하고 씩씩하게 자랐다. 정원을 돌아다니며 벌레도 잡아먹고 낮게 나르는 파리도 잡을 듯 한 번씩 껑충 점프를 해 보기도 한다. 아들은 학교에서 집에 오면 그 닭과 노는 것이 일과였다. 배추 잎을 손에 들고 닭이 와서 쪼아 먹는 것을 보며, 깔깔거리며 좋아 했다. 닭이 아들을 쫓거나, 아들이 닭을 쫓거나 하며 그들은 친구가 되어 정원을 뛰어 다녔다.

새벽이면 닭은 "꼬고~댁"하며 길게 울어 우리 가족을 모두 깨웠다. 그 후 우리는 종달새가 되어 모두 일찍 일어나는 습관이 몸에 베였다.

올해는 붉은 닭의 해이다. 아들의 닭은 하얀색이었다. 그러나 그들이 새벽을 깨우는 울음소리는 똑같다. 닭은 청량한 울음소리로 새벽을 깨우고 어둠을 물리치며 빛이 오고 있음을 알린다. 닭이 지닌 여러 능력 가운데 옛 사람들은 새벽을 알리는 울음소리를 으뜸으로 꼽았다. 닭의 다섯 가지 덕을 알아본다.

닭 볏은 글(文)을, 발톱은 힘(武)을, 용감히 싸우는 모습은 용기의 용(勇)을, 먹이가 있을 땐 '구구'거리며 무리를 부르는 것은 인(仁)을, 때에 맞춰 새벽을 알림은 믿음(信)이라 한다.

닭은 환생의 능력을 가지고 있다고 옛사람들은 믿었다. 경주 천마총 발굴 당시 달걀 수십 개가 담긴 그릇이 나온 것도 이런 믿음에서 일 것이라 한다.

닭은 또 새로운 지도자의 탄생을 예고하는 영물이다. 삼국유사가 소개하는 박혁거세 신화나 김알지 탄생 설화가 여기 해당된다.

2016년의 소란과 혼돈(混沌)은 오메가 포인트를 맞이했고, 우리는 지금 2017년 정유년, 붉은 닭의 울음소리에 깨여 있다.

아들이 키운 건강한 닭 한 마리가 온 가족에게 기쁨을 안겨 준 것처럼, 금년에 올곧고, 지혜 있어 불의에 용기 있게 대처하는 지도자가 세워져, 암탉이 알을 품는 형세로 사랑과 기쁨의 평온이 온 국민과 우리나라에 깃들기를 꿈꾼다. (2017. 1. 2.)

빨간 구두

화사한 햇살이 봄을 안고 신입생의 가슴에 살포시 내려앉았다. 학교와 집만 오가며 교과서, 참고서, 문제지와 씨름하던 단발머리 고등학생은 입시시험에서 벗어나자 고삐 풀린 망아지 같았다. 대학도 합격했으니까.

제일 먼저 교복을 벗고 명동에 위치한 유명한 빵집 '몽브랑'에 들였다. 빵을 좋아하는 나는 한자리에서 열 개를 먹어 치웠다. 함께한 친구는 세 개로 족했다. 친구와 나에게 빵을 사 주었던 오빠는 내가 일곱 번째로 고로케를 집어 들었을 때 눈이 휘둥그레졌다. 그러나 오빠는 나의 먹는 모습을 가끔 훔쳐보며 흐뭇한 표정을 짓기도 했다. 오빠는 내가 아버지의 사업실패로 학업을 중단하고 있을 때 나에게 영어와 수학을 가르쳐 주었던 Y대 대학생이였다.

새내기들로 가득 찼던 몽브랑이 늦은 시간이 지나자 안이 비어 갔다. 우리도 자리를 떠나서 명동의 화려한 거리를 걷기 시작했다. 친구는 집이 멀어서 빨리 가야 한다며 버스 정유장으로 향했다.

그녀는 부모님을 일찍 여의고 의사인 큰오빠네 집에서 살았다. 우리는 단짝이었다. 오늘도 그녀는 깍두기로 끼였다. 내가 잘 아는 오빠와 만나니 너도 와야지 하며 그녀를 꼬드겼다. 친구는 집이 멀다는 핑계로 나를 남겨 놓고 떠났다.

밤길을 이리저리 거닐다가 우리는 금강제화점 네온사인 앞에 섰다. 오빠는 입학 선물로 구두를 사주겠다며 제화점 안으로 나의 손을 잡고 들어갔다.

안에는 손님들이 여기저기 앉아서 발에 새 구두를 신어보고 있었다. 나의 눈길은 장밋빛 빨간 구두에 멈추었다. 오빠는 내가 말도 하기 전에 나의 눈길을 잡고 그 구두를 쇼윈도 진열장에서 꺼내며 신어 보라고 했다. 그 구두는 사이즈가 커서 나의 발 사이즈에 맞는 다른 구두를 점원은 가지고 왔다.

나의 발을 처다 본 오빠는 "아주 예쁘다, 발이 작아서 더 예쁘고 빨간색이 잘 어울리네!"했다.

그날 밤 늦도록 빨간 구두를 신고 오빠의 손을 잡고 명동 거리를 골목골목 누볐다.

어느 날 라디오를 틀고 음악을 듣는데 '빨간 구두 아가씨'가 노래로 흘러 나왔다.

> 솔~ 솔~ 솔 오솔길에/ 빨간 구두 아가씨/ 똑~ 똑~ 똑 구두소리/ 어딜 가시나/ 한 번쯤 뒤돌아/ 볼만도 한데/ 발걸음만 하나 둘~ 세며 가는지/ 빨간 구두 아가씨/ 혼자서 가네~

DJ는 남일해 가수의 노래 '빨간 구두 아가씨'라고 소개했다. 그 멜로디와 노래 가사가 좋았다.

오랜 세월이 흐른 지금도 그 가요 속에 오빠의 얼굴이 오버랩되며 그리움이 밀려온다. (2017. 2. 20.)

더 나은 세상 만들기

영하의 날씨로 겨울이 깊어지고 있다. 찬바람이 안간힘을 쓰며 매달려 있는 나뭇잎을 사정없이 흔든다. 끝내 나뭇가지에서 떨어진 잎은 바람에 몸을 맡긴 채 그의 끝자락에 묻혀 있다.

가슴 따듯한 소식이 TV 화면을 통하여 흘러나오고 있다.

페이스북 CEO(최고 경영자)인 마크 저커버그가 딸 맥스를 안고 그의 아내 프리실라 챈과 함께 웃고 있는 모습을 보여 주었다. 그는 딸에게 보내는 편지(A letter to our daughter)에서 "우리는 딸이 현재보다 더 나은 세상에서 살기를 바란다"며 자기가 가진 페이스북 지분의 99%를 기부하겠다고 했다.

주식의 가치는 450억 달러(약 52조2200억 원)에 달한다.

백악관은 페이스북을 통하여 "오늘 두 분의 발표는 미래 세대가 출신에 따라 차별받지 않고 성공을 향한 균등한 기회를 갖도록 이끌어 갈 수 있음을 보여준 것이며 가족의 새로운 장을 열어가는 두 분에게 축복이 깃들기를 바란다."는 글을 올렸다. 미국에서 자신의 재산을 사회에 환원(還元)시킨 사람들 중에 대표적인 유명 인사로 빌 게이츠와 워런 버핏 버크셔 해서웨이 회장이 있다.

나도 매일 페이스북을 한 차례씩 들어가 보며 세계 각국에 흩어져 있는 지인들의 소식을 읽기도 하고 나의 근황을 알리는 글을 올리기도 한다.

페이스북 안에 세상이 들어 있다고 말해도 과언이 아니다. 이 놀라운 세상을 만든 저커버그는 다음 세대를 위하여 통 큰 기부를 함으로 인하여 더욱 놀라운 세상을 만들 것이다.

세계적인 영성가 안젤론 신부가 쓴 『노년의 기술』에서 '잘 늙으면 나무들이 새 생명의 탄생을 위하여 이파리를 땅으로 내려 보내듯이 욕심을 버릴 줄 알아야 한다.'고 했다. 또한 '노년도 삶의 열매를 거두는 시기다. 이 열매는 나 자신에게만 기쁨과 즐거움을 주는 것이 아니라 타인의 삶에도 기쁨의 씨앗이 된다.'고도 했다.

저커버그는 올해 32세이다. 그럼에도 그는 노년의 열매를 맺어 타인뿐만 아니라 다음 세대의 삶 속에 기쁨의 씨앗을 심었다.

나는 70년의 세월을 넘겼건만, 나에게 만 치중해 있지 않은가. 위에 언급한 훌륭한 사업가가 아닐지라도 내가 처한 이 자리에서 나라와 사회를 위하여 다음 세대를 위하여 무엇인가 남기고 가야 되는 것이 아닌가. 하늘을 우러러 보기가 부끄럽다. 비우는 일이 왜 그리 어려운가. 많은 것을 가지고 있지도 않으면서 말이다. 저 젊은이를 바라보며 나의 누추한 몸이 아닌 누추한 삶이 한없이 민망하다. 나의 남은 날들을 계수할 수는 없으나 다음 세대를 위하여 겨자씨만한 것이라도 심어야 하겠다. (2015. 12. 3.)

그분의 선물

가을비가 이틀간 내려 미세먼지는 사라지고 하늘은 맑고 드높아 보인다.

우리 집 정원에 있는 모든 정원수와 잔디도 방금 세수를 한 듯 깨끗한 얼굴로 아침 햇살에 입맞춤하고 있다.

베라켄사스의 작은 열매도 푸른빛을 연분홍으로 바꾸고 있다. 차고 위 자갈밭에 마음대로 자리 잡은 국화가 피기 시작했다. 꽃 색이 다양하다. 처음엔 하얀 국화만 피어나더니 해가 갈수록 그 색이 여러 가지다. 이아침에도 나의 눈을 의심하며 다가가서 살핀다. 처음 핀 것은 짙은 보라색이었고, 뒤이어 핀 것은 황금색, 그 다음은 짙은 자주색, 노란색, 흰색으로 피어났다. 지금은 연보라색 국화꽃을 보며 가슴에 환희(歡喜)가 출렁인다.

나는 한 뿌리의 국화를 심은 일도 없는데 10년 전에 국화 몇 송이가 하얗게 피어 있었다. 그 후 해마다 국화의 수가 늘어나면서 꽃의 빛깔도 다양해졌다.

나는 국화꽃을 좋아한다. 특히 보라색 국화를 좋아한다. 차고 위에 국화가 피기 전에는 매년 국화꽃 화분 두어 개를 사서 현관 입구에 놓곤 하였다.

나를 아시는 그분은 보이지 않는 손길로 국화를 심어 이토록 다양하게 보여주시니 감사하고 고마울 뿐이다. 올해도 짙은 보라색 꽃부터 피게 하셨다.

내가 그분께 말하지 않아도 나를 아시는 그분은 이 계절에 나에게 가장 큰 선물을 하고 계시다. 난 그분께 이 가을에 무엇을 선물 할 수 있을까?

파란 하늘에 하얀 조각구름이 떠간다. 나의 마음을 안고.

(2016. 10. 5.)

나의 수상식 날 전해온 비보(悲報)

2016년 11월 29일 오후 6시 대한출판문화회관 4층에서 제21회 영랑문학상 수상식이 개최되고 있었다. 주위 친한 지인들과 함께 기쁨을 나누고자 연락을 했다. 몇몇 분들은 화환과 화분을 보냈다고 전해 왔다.

헌데 아침 7시경 스마트폰에서 카톡이 온 것을 알린다.

"지금 남편이 하늘나라 갔어. 오늘 수상 축하하며 못 가서 미안해."

위 문자를 보는 순간 친구의 남편이 휠체어에 앉아 있는 모습이 보였다.

40대 중반 대학 학장실에서 뇌졸중으로 쓰러진 그녀의 남편, 장로님은 끊임없는 치료와 노력 끝에 지팡이를 의지하고 걸을 수 있었다. 그러나 세월이 갈수록 다리에 힘이 없어지고 몸이 쇠약해져서 휠체어에 몸을 맡긴 체 생활 할 수밖에 없었다. 큰아들이 부원장으로 근무하고 있는 대학병원에 장기 입원하고 있어서 못 뵌 지가 오래되었다. 친구 권사들과 찾아뵈려고 하였으나 말을 못한다고 하였다.

그분은 나를 만나면 많은 이야기를 하셨다. 주로 연대에서 학창생활을 했던 때와 영락교회에서 친분을 쌓아서 친구가 된 장로님들에 대한 이야기 등이다. 특히 그중에 한 분이 연대의대를 나와서 미국에 유학하여 성형외과 의사로 크게 이름을 날리고, 미국에서 은퇴한 후 한국의 대학병원 성형외과 과장으로 오신, 이 박사에 대한 소식을 만날 때마다 알려 주셨다. 내가 수필가로 활동하고 있음을 아시는 그는 이 박사가 수필을 일주일에 한 편씩 써서 뉴욕의 한인 방송국에 보내고 있어서, 일 년에 한 권씩 수필집을 발간할 때마다 나에게 이 박사의 수필집을 전해 주셨다.

친구 권사의 집에서 남편인 김 장로님이 이 박사와 나를 초대하여 함께 식사를 한 적도 있다. 이 박사도 금년으로 한국의 의료생활을 끝내고 미국으로 귀국한다는 소식을 들었다. 친구가 하늘나라로 가는 것을 미리 알고 있었던 것처럼.

33년간 무거운 삶을 함께 헤쳐 온 친구가 장해 보인다. 이제 그녀의 어깨도 가벼워질 것이다. 친구의 남은 삶이 오늘의 가을하늘처럼 푸르고 자유롭게 창공을 나는 철새가 되기를 기원한다.

부끄러운 "띵똥"

푸른 바다 물결과 하늘이 푸껫을 출렁이게 한다.

수많은 이방인들이 그 출렁임을 따라 움직인다.

푸껫 서부의 파통(Patong) 해변에는 오늘도 많은 관광객들이 오가고 있다. 바다에서 수영을 즐기고 선탠을 하는 이방인의 모습에서 여유를 담는다.

온 낮을 바다와 함께 지내다 해가 바다에 잠길 무렵에야 이곳 레스트랑, 호텔, 스파숍에 모여 들고 있다.

한 레스토랑 안에 빈자리가 있건만 밖에서 기다리는 사람들이 그 자리를 기웃거리며 의아한 눈초리로 자신들의 차례를 기다린다. 이때 레스토랑 종업원이 대기하던 두 사람을 데리고 식당 안으로 들어가려 할 때 한 외국인 관광객이 그 빈자리를 가리키며 왜 저기는 비어있느냐고 묻는다. 그 사람은 30분 이상을 기다리던 사람이다. 종업원은 그 자리는 예약석이라고 말한 후 손님을 데리고 안으로 들어갔다. 그 후 열 명 이상이 들어갈 때까지도 그 예약석엔 사람이 없었다.

우리가 국내 여행이나 외국여행을 할 때 타야 할 기차나 비행기를 예약함은 물론, 머무르고 먹을 곳을 예약하는 것은 기본이다. 그때에 돌발 사고나 개인 사정이 발생했을 때에는 반드시 예약한 것을 취소하여야 한다. 그래야만 비즈니스를 하는 그들도 다른 사람들로 그 자리를 메꿀 수가 있다.

그러나 예약 취소를 하지 않고 예약부도(no-show)를 내는 한국인들을 외국에서도 흔히 볼 수 있다.

"띵똥"(태국 말로 '정신 나간 사람')은 태국에서 한국 사람들을 보고 하는 말이라고 한다. 예약부도는 보통이며 두 세 시간 늦게 나타나서 왜 자리가 없느냐고 오히려 큰소리로 야단을 친다고 한다. 우리는 최소한의 예의는 지켜야 한다. 선진국으로 들어가려는 한국에 살면서 잘 살고 있다는 것만을 내세워서는 안 된다. 다른 사람들에게 피해를 주는 야만적인 행동은 이제 접어야 하겠다. 그래서 한국 사람들은 믿을 수 있는 사람이라는 평을 받아야 되지 않을까. 다시는 부끄러운 "띵똥"이라는 말을 태국에서 듣지 않기를 바란다.

(2015. 12. 3.)

오크 힐에서

에어컨 없이 살 수 없는 올 여름이다

오늘도 햇살은 대지와 사람을 태우고 있다.

시원한 곳을 찾아서 차를 몰았다. 수락산 끝자락에 위치하고 있는 오크 힐이다. 3주 전에 갔던 곳인데 조용한 분위기에 7,000평에 달하는 정원이 아름답게 잘 조성되어 있다. 분위기를 타는 지인 한 분과 함께 하였다.

정오가 채 되지 않았으나 카페 안 테이블은 반 이상이 차 있었다. 창가의 자리는 다 차 있어서 우리는 안쪽 테이블에 앉을 수밖에 없었다.

브런치가 되는 카페이므로 비질 파스타와 샐러드 함박스틱을 세트로 시키고 커피를 주문하였다. 폭염에 어떻게 지냈는지를 이야기 하는 중에 음식이 나왔다. 간단한 기도를 마친 후 우리는 식사를 시작하였다.

입맛이 깐깐한 그녀는 샐러드를 한 젓가락 입에 넣더니 만족한 미소를 나에게 보낸다. 파스타도 맛보라고 하였더니 면 가닥을 돌돌 말아서 가져간다.

샐러드 위에 얹혀 있는 함박스틱도 한입에 들어 갈수 있도록 잘라 놓아서 불편 없이 먹을 수 있었다. 카페 안이 시원하니 따듯한 커피를 주문하였다.

창밖으로 보이는 푸른 소나무가 더위를 잊은 듯 싱싱하다. 분수가 설치된 연못에서는 치솟는 물줄기가 햇살을 가르며 흩어지고 있다. 수국이 연둣빛을 띠고 활짝 피어 있다. 키가 낮은 단풍나무는 가을을 준비하는 듯 몇 개의 잎이 붉은 빛을 띠고 있다. 멀리에 솟대가 열개 이상 서 있다. 그 옆에는 세 개의 석상이 놓여 있다. 잔디로 조성된 공원 이곳저곳을 돌아보고 오후 4시가 넘어서 오크 힐을 빠져 나왔다

찜통더위에 자연이 주는 시원함과 넉넉함이 우리 마음의 여유에 더하여 힐링된 한나절을 보내고 귀가 하였다.

(2016. 8. 25.)

말 한마디에

10월의 마지막 날이 겨울로 달려갈 듯 찬바람을 몰고 와 옷깃을 여미고 종종 걸음을 걷는다.

사람들이 오가는 길목에 할머니 한 분이 큰 소쿠리에 붉게 익은 대추를 가득 담아 놓고 그곳을 지나는 사람들을 올려다보며 대추를 사라고 한다.

중년의 여자가 가던 길을 멈추고 그 할머니 앞에 쪼그리고 앉아 대추 하나를 입에 넣는다. 나도 그 옆에 앉아 할머니가 먹어보라고 준 대추 한 알을 입안에서 씨를 빼며 살을 씹었다. 대추색은 보기 좋게 붉어 있어서 단맛이 나올 줄 알았으나 의외로 짐짐했다. 먼저 대추 맛을 본 그 여인이 말하기 전에 그만 나의 입에서 다음과 같은 말이 순식간에 튀어나왔다.

"대추가 달지 않네요."

그 말을 듣자마자 쭈그리고 앉아 대추 맛을 보던 여인은 나를 쳐다보며 "그렇죠." 하더니 벌떡 일어나 자리를 떴다. 사라지는 그 여인의 뒷모습을 바라보던 할머니는 나에게 원망스런 눈길을 주었다. 나는 엉거주춤 일어나서 붉은 빛에 단맛이 없는 대추를 바라보며 "한 대접 주세요." 했다.

달지 않다는 말을 불쑥 먼저 던진 것이 후회되었으나, 나는 할머니의 원망의 눈길을 피할 수 없었다. 원치도 않은 대추 한 대접을 사 가지고 귀가하는 나의 모습이 우스꽝스러웠다.

마음 속 한편에서는 할머니에게 적선(積善)한 것으로 생각하면 될 것을 하며, 몇 천원에 담겨진 나를 보며 초라한 소인(小人)의 모습에 한심한 생각이 들었다.

거실 창가 테이블 위 작은 대나무 소쿠리에 담겨 있는 대추가 햇볕을 받아 단맛 내기를 기다려 본다. (2015. 10. 30.)

가을 개나리

동네 야산을 오르기 위하여 자락 길로 들어서려는데 낯익은 노란 꽃이 나를 반긴다. 순간 그 꽃은 나를 놀라게 했다. 봄소식을 알리는 꽃, 개나리 아닌가. 여러 송이가 줄지어 피어 있다. 나는 그들과 눈 맞춤을 한다. 기온이 뚝 떨어져 쌀쌀하기 까지 한데, 봄을 기다리지 못하고 이 가을에 또 피었단 말인가.

노란색 개나리는 벌써 나에게 2017년의 봄을 안겨 주고 있다. 개나리의 꽃말에 숨겨진 슬픈 이야기를 들여 주면서.

옛날 시골 어느 작은 마을에 가난한 가족이 살았다. 어느 날 이 집의 가장인 아버지가 돌아가셨다. 그 후 어머니는 홀로 개나리라는 이름을 가진 딸과 두 아들을 키웠다. 그러던 중에 어머니마저 병들어 몸 저 눕게 되어 여섯 살 된 개나리가 밥 동냥을 하여 끼니를 해결하였다. 개나리 가족은 추운 겨울날에 아궁이 불로 인해 모두 세상을 떠났고, 그 이듬해 봄 집터에는 이전에 보지 못한 노란 꽃나무가 자라기 시작하였다. 이것을 본 동네 사람들은 그 꽃나무를 개나리라고 불렀다. 개나리의 꽃말은 희망이다. 개나리 가족의 절망을 겨울에 묻어 버리고 희망의 봄으로 바꾸었나 보다.

산 중턱에서 빨간 열매를 주렁주렁 달고 있는 산사나무를 만났다. 녹색 잎 사이사이에 빨갛게 익은 열매들이 얼굴을 내밀며 폼을 잡는다.

상수리나무는 그 열매 도토리를 벌써 다 털어 내고 갈색으로 변한 잎들이 여기저기 보인다. 어디 숨어있었는지 다람쥐 한 마리가 나를 보고 흠칫 놀라며 상수리나무 꼭대기로 기어오른다. 산까치는 반갑다며 "까~악 까~악" 잣나무 위에서 나를 내려다보며 부른다.

새벽 산책을 마치고 내려오는 나는 노란 개나리꽃을 가슴 가득 안고 2017년 봄 어느 멋진 날을 생각하며, 그때에 만나는 누군가에게 산사나무의 빨간 열매를 달아 줄 것을 그려 본다.

(2016. 10. 12.)

우이천 뚝방길에서

벚꽃이 흐드러지게 피여 우이천 뚝방 길을 걷는 사람들에게 기쁨을 안겨 준다.

주일 낮 예배를 마친 후 저녁 예배까지는 두어 시간이 남아서 교회 근처에 있는 우이천 뚝방 길을 걷기로 했다. 그 길에는 벚꽃뿐만 아니라 철쭉도 여기저기 피어있고, 하얀 싸리꽃이 눈부시게 햇살을 품고 있다. 한참을 걷다보니 반대편으로 갈 수 있는 다리가 보여서, 다리를 건너 다른 뚝방 길을 걸었다. 20여 분을 걸어갔을 때, 조각상 다섯 개가 보였다. 언뜻 보기에도 가족을 뜻하는 작품 같았다. 아버지, 어머니 모습과 세 자녀의 모습이었다. 그런데 그 조각상 머리는 소머리였다. 가까이 가서 작품 설명을 읽었다.

우이천의 지명은 북한산과 도봉산이 이어지는 소귀고개(牛耳嶺)에서 흘러내리는 물길이라는 의미에서 붙여진 것이며, 이 지역의 유래를 의인화하여 단란한 '다둥이 가족'의 형상을 통하여 출산 장려와 행복한 가정의 소중함을 전달한다는 작가, 류호열(중앙대 조소과) 교수의 설명이 돌에 새겨져 있었다.

아빠 조각상 앞에 놓여 있는 벤치에 앉아 단란했던 나의 가족 모습을 그려 보았다.

나는 결혼하여 큰딸을 낳고 연년생으로 아들을 그 다음해에 낳았다. 막내딸은 아들을 낳은 후 2년 후에 낳았다. 나의 가족 수는 다둥이 가족 수와 같다. 직장생활을 하면서 아이들 키우던 때를 생각하면 눈코 뜰 새 없이 바쁜 일상이었다. 퇴근하여 온 가족이 저녁 식탁에 앉을 때는 큰 기쁨과 웃음이 늘 식탁 주위를 맴돌았다. 낮 동안 가졌던 모든 스트레스는 사라지고 목화솜 위에 몸을 눕힌 것처럼, 안락함과 평안함의 시간을 누렸다. 아이들의 웃음소리가 거실에서 끊이지 않았고, 남편은 세 아이와 한 덩어리가 되어 뒹굴며 놀아주었다.

남편이 아들과 팔씨름을 할 때는, 두 딸은 아들 편이었고 나만 남편 편이 되어 응원하였다. 남편은 일부러 저 주면서 아들의 힘을 과시하게 하였다. 그러면 세 아이들은 서로 부둥켜안고 껑충껑충 뛰면서 좋아했다. 이유는 내기를 했기 때문이다. 아들이 이기면 통닭을 남편이 사기 때문이다.

이런 세월은 빨리도 흘렀다. 세 아이들은 우리의 둥지를 떠나서 자신들의 둥지를 짓고 아이들을 낳아서 잘 키우고 있다.

요즘 젊은이들은 결혼을 필수가 아닌 선택으로 생각하며, 결혼을 하여도 아이는 낳지 않겠다는 흐름이 이 시대에 팽배해 있다.

우리나라의 경제상황은 현재 세계 10위권 안에 들어갈 만큼 발전하였다. 그러나 50, 60년대에 우리가 살아가던 시대에 비하여 여유로움과 풍요로움이 줄어들었다.

우리의 다음 세대가 우리보다 더욱 잘 살기를 바란다. 물질의 풍요보다 정신적인 풍요가 그들의 삶을 지배하기를 기원한다. 가슴이 따듯하여지기를 원한다. 혼밥, 혼술이 무슨 맛이 있겠는가. 다둥이 가족처럼, 포근한 보금자리를 만들어 함께하는 밥상에서 행복을 만끽 할 수 있기를 기대하여 본다.

우이천 뚝방 길 끝에 다다랐을 때에 몇 개의 벚꽃 잎이 지나는 실바람에 맥없이 떨어져 나의 발길 앞에 누웠다.

(2018. 4. 15.)

젊꼰

매일 뉴스에 오르내리는 K항공의 모녀 모습이 요즈음 우리의 눈살을 찌푸리게 한다.

아무에게나 막말을 하고 무례한 행동을 하는 꼰대 의식을 그들에게서 보기 때문이다. 상대방을 존중하지 않는 의식에서 그러한 말과 행동이 나오리라 생각된다.

처음 뉴스에서 K항공 회장의 딸인 조모 씨가 사법부에 나타날 때, 젊은 사람이 왜 그리 경솔하게 처신했을까 하는 안타까움이 있었다. 허나, 최근 그 어머니에게서 욕설과 모욕을 당한 사람들이 방송인과 기자들 앞에서 상처받은 심정을 토로할 때, 그 딸들의 모습이 크로즈업 되었다.

옛날에 며느리를 데려올 때에 그 어머니를 보고 데려온다는 말이 있다. 얼마나 지혜로운 우리의 선조들인가.

최근 젊은 꼰대(젊꼰)가 늘고 있다고 한다. 꼰대를 흉보며 혐오하는 젊은이들이 꼰대를 닮아가는 자신들을 모르고 있다는 것이다.

국어사전에 보면 꼰대에는 두 가지 의미가 있다:

(1) 은어로 늙은이를 이르는 말. (2) 학생들의 은어로, '선생님'을 이르는 말

위의 뜻에서 꼰대는 젊은이들에 비하여 나이든 사람을 일컫는 속어임을 알 수 있다.

그러나 우리가 흔히 꼰대라고 하면 나이든 사람들이 자신의 생각이나 말대로 젊은이들이 따라 주기를 강요할 때에, 젊은 세대가 나이든 세대에게 던지는 말이다.

2030세대가 상사를 욕하며 그들도 상사를 닮아가는 꼰대질을 한다는 것이다.

조모 씨도 어머니의 부당한 행위를 보며, 험악한 말투를 들으며 아마도 흉을 보았을 수 있다. 헌데 그녀도 어머니와 똑같은 모습으로 변해 있으니 젊꼰이 아니겠는가.

우리 사회에서 노인이나 젊은이들이 서로 상대방의 인격을 존중하며 소통하여 불미스런 꼰대의식이 사라지기를 기원한다.

(2018. 6. 5.)

키타르비치 대통령

2018년 러시아 월드컵 결승전이 7월 16일 오전 0시 러시아 모스크바에 위치한 루즈니키 스타디움에서 열렸다. 결승전에 올라간 나라는 프랑스와 크로아티아이다.

세계의 수많은 사람들이 이 결승전을 지켜보았다. 프랑스는 국력 때문에 널리 알려진 나라이지만, 크로아티아는 1991년 유고슬라비아에서 독립한 인구 416만 명에 국토도 한반도의 1/4에 불과한 나라이다. 크로아티아 선수들은 경기 내내 계속 연장전까지 치루면서 이고지에 다다랐다. 16강에서 덴마크를, 8강에서 러시아를, 4강에서 잉글랜드를 연속 연장전에서 혈투를 펼쳤다.

크로아티아 슬로건인 '작은 나라 큰 꿈'(Small Country Big Dreams)

처럼 작지만 강한 나라였다.

크로아티아 이반 페리시치는 허벅지 부상에도 투혼을 살려 0-1로 뒤진 전반 28분에 동점골을 터트렸다. 코로아티아는 1-4로 뒤진 후반 24분에 마리오 만주치커가 집념의 추가골을 뽑아내어 2-4를 만들었다. '졌잘싸'(졌지만 잘 싸웠다)였다.

대표 선수들은 1990년대 유고슬라비아 내전을 겪은 세대다. 그래서인지 그들의 투지와 팀웍은 흐트러짐이 없었다. 즐라트코 달리치 감독은 4강전에서 '힘들면 교체해 주겠다'고 했으나 누구도 원치 않았다.

콜린다 그라바르 키타로비치 대통령은 자신의 나라 선수들을 방청석에서 열렬히 응원하였다. 크로아티아 선수들의 유니폼을 같이 입고 있었다. 결승전에서 프랑스에 패배한 선수들이 땅바닥에 주저앉아 슬픔에 젖어 있을 때에 그녀는 비를 뚫고 선수들에게 향했다. 시상식에 오른 그녀는 준우승 메달을 목에 건 선수들을 한 명씩 뜨겁게 포옹하며 위로하였다. 그들의 슬픔을 위로 하듯 하늘에서도 세차게 비가 쏟아졌다. 그녀의 머리와 옷도 흠뻑 젖었으나 대통령은 관계치 아니하고 모든 선수들을 끝까지 안아주며 위로하였다.

"잘했다. 역사를 만들었다. 선수들이 자랑스럽다."라는 말도 남겼다.

크로아티아 대통령은 선수들의 라카 룸까지 찾아가서 다시 한 명, 한 명씩 안아주며 포옹하고 위로한 후 함께 촬영한 사진을 남기고 떠났다.

그녀는 크로아티아 최초 여성 대통령이며, 2015년 선거에서 당선되었다. 준우승임에도 골든 볼은 크로아티아 선수, 모드리치에게 주어졌고, 그는 우린 영웅답게 싸웠고, 조금 슬프지만 우리가 이뤄낸 것에 자부심을 가진다고 했다.

크로아티아 감독도 "고개를 들어라, 자랑스러운 선수들이여."라며 그들의 선전을 칭찬하였다.

세찬 빗줄기에 온몸을 맡기고, 그녀의 뜨거운 가슴을 한 선수 한 선수에게 맞대어 주고 젖은 얼굴에 볼을 비비는 크로아티아 대통령은 국모로써의 사랑을 다 쏟아 부었다. 이 시상식을 바라보는 나의 마음도 감동에 젖어들며 눈시울이 촉촉해졌다.

2018년 러시아 월드컵에서 가장 큰 역사를 쓴 나라가 크로아티이며, 대통령으로써 선수들을, 나아가서 국민을 사랑하는 지도자의 아름다운 모습을 보여준 사람이, 바로 콜린다 그라바르 키타르비치 대통령이었다. (2018. 7. 16.)

수필문학사 수필선집 / 441

김형애 수필집

내 노을의 페치카에서

2018년 10월 5일 초판 인쇄
2018년 10월 10일 초판 발행

지은이 / 김형애
발행인 / 강석호

발행처 / 도서출판 교음사
편 집 / 隨筆文學社 出版部

03147 서울 종로구 삼일대로 457 수운회관 1308호
Tel (02) 737-7081, 739-7879(Fax)
e-mail : gyoeum@daum.net
등록 / 제300-2007-52호

* 잘못된 책은 바꿔 드립니다. 값 12,000원

ISBN 978-89-7814-738-5 03810

이 도서의 국립중앙도서관 출판예정도서목록(CIP)은 서지정보유통지원시스템 홈페이지
(http://seoji.nl.go.kr)와 국가자료공동목록시스템(http://www.nl.go.kr/kolisnet)에서
이용하실 수 있습니다. (CIP제어번호 : CIP2018031738)